책을 읽고 나서 책들에게 놀이 하는 티켓을 줬다는
어느 작가의 글을 읽었습니다.
참 훌륭합니다.
지금껏 40년 한 길 only 달려오느라
정말 고생이 많았습니다.
앞으로 기면 일이 있든 당신은 분명 잘해 낼 것입니다.
그래 너무 크게 얻고 스트레스 쟤미있게 산았으면 좋겠습니다.

길 해 남

만일 내가 인생을 다시 산다면

만일 내가 인생을 다시 산다면

벌써 마흔이 된 당신에게 해 주고 싶은 말들 42

| 김혜남 지음 |

메이븐
MAVEN

만일 내가 인생을 다시 산다면

이번에는 용감히 더 많은 실수를 저지르리라.

느긋하고 유연하게 살리라.

그리고 더 바보처럼 살리라.

매사를 심각하게 생각하지 않을 것이며

더 많은 기회를 붙잡으리라.

더 많은 산을 오르고, 더 많은 강을 헤엄치리라.

아이스크림은 더 많이 그리고 콩은 더 조금 먹으리라.

어쩌면 실제로 더 많은 문제가 있을 수도 있겠지만

일어나지도 않을 걱정거리를 상상하지는 않으리라.

–나딘 스테어의 시 '만일 내가 인생을 다시 산다면' 중에서

2001년 마흔세 살에 파킨슨병 진단을 받고 벌써 22년이 흘렀다. 그동안 나는 병마와 싸우면서 책을 열 권쯤 썼고 그중에 운 좋게 베스트셀러가 된 책들이 있다 보니 가끔 내 책을 읽었다는 독자를 만날 때가 있다.

올해 초 강화도에 갔을 때도 그랬다. 친구들과 아담한 카페에 들어가 수다를 떨고 있는데 저쪽에 앉아 있던 한 여자가 자꾸 나를 쳐다보았다. 뭔가 망설이는 듯 보이던 그녀는 잠시 후 내게로 다가와 말했다.

"김혜남 선생님 맞으시죠?"

"네, 그런데요."

"제가 선생님 책을 계속 읽어 왔는데요. 작년에 더 이상 책을 못 쓸 것 같다고 말씀하신 걸 봤어요. 괜찮으세요?"

뜻밖의 인사에 놀라는 것도 잠시, 그녀의 진심 어린 말과 표정 속에 담긴 마음이 읽혀져 울컥했다. 낯선 카페에서 독자를 만난 것도 신기한데 그녀가 나의 안부를 걱정해 주는 것이 너무나 고마웠기 때문이다.

20대 후반에 《서른 살이 심리학에게 묻다》를 읽으며 많은 위로를 받았다는 그녀는 이제 마흔이 넘었다고 했다. 나는 그 책에서 뭐든 되어 있을 줄 알았는데 막상 서른 살이 되면 이룬 것 하나 없이 나이만 먹은 것 같아 당황스러울 거라고, 그런데 다들 그러니까 겁먹지 말라고, 그냥 자신을 믿고 앞으로 나아가 보라고 얘기했는데 그녀는 그 이야기가 많은 힘이 되었다고 했다. 도움이 되었다니 정말 다행이다, 하고 있는데 그녀가 떨리는 목소리로 말했다.

"선생님이 제 멘토셨는데요. 더 이상 이야기를 들을 수 없다고 생각하니 안타깝지만 괜찮아요. 그러니까 제발 오래오래 곁에 있어 주세요. 힘내시고요."

그 일이 있고 난 뒤 출판사에서 전화가 걸려 왔다. 2015년에 펴낸 이 책이 10만 부 판매를 넘어서서 스페셜 에디션을 펴내고 싶다는 연락이었다.

시간이 흘러 잊고 있었는데 그렇게나 많은 독자들이 내 책을 읽었다는 사실이 너무나 놀랍고 신기했다. 그럼에도 예전 같으면 부끄러운 마음에 다시 책을 펴내는 것을 반대했을 텐데 이번에는 그러자고 했다. 강화도에서 만난 독자뿐만 아니라 그동안 부족한 내 책을 읽어 주고, 정성스럽게 리뷰를 남기고, 나에게 메일을 보내고, 바쁜 시간을 쪼개어 강연회에 찾아와서는 책 잘 읽었다고 말해 준 독자들에게 뒤늦게나마 고맙다는 인사를 전하고 싶었기 때문이다.

그리고 병이 깊어지면서 더 이상 진료를 할 수가 없게 되자 병원을 닫으면서 어쩔 수 없이 환자들을 돌려보냈는데 이 기회를 빌어 제대로 미안하다는 말을 건네고 싶었다. 치료를 열심히 받아서 상태가 좀 나아지면 다시 진료를 할 수도 있지 않을까 했지만 앞으로도 그러기는 힘들 것 같아서다.

미안함과 고마움을 담아 책을 정리하면서 정신분석의 선구자인 프로이트가 말한 정상의 기준을 다시 한번 들여다보게 되었다. 그의 기준에 따르면 사람이 '약간의 히스테리, 약간의 편집증, 약간의 강박'을 가지고 있는 것이 정상이다. 즉 세상에 문제 없는 사람은 없다. 모든 사람이 어느 정도의 문제는 다 가지고 있다. 그러니 자신에게 문제가 있다는 것을 부끄러워하거나 부정할 필요가 없다.

나도 마찬가지다. 오랫동안 병마와 싸워 오다 보니 가끔은 아무나 붙잡고 푸념을 늘어놓고 싶을 때가 있고, 고통을 참을 수 없어서 소리를 지르고 싶을 때도 있다. 후회할 걸 뻔히 알면서도 타인에게 상처 주는 말을 할 때도 있다. 늘 평정심을 잃지 않고 사람들에게 유쾌한 모습을 보이고 싶지만 뜻대로 되지 않을 때가 있는 것이다.

명색이 정신분석 전문의로 30년 넘게 일해 오며 수많은 환자들을 치료해 온 사람으로서 이처럼 못난 모습을 보이게 될 때마다 부끄럽기 그지없지만 나는 그런 나를 용서하기로 했다. 하루를 돌아보고 반성하면서 내일부터는 그러지 말아야지 생각하는 나 자신을 너그럽게 받아들이기로 한 것이다.

당신도 마찬가지다. 자신에게는 아무 문제가 없으며 늘 옳다고 생각하는 사람보다 문제가 있다고 생각해 그것을 고치고 싶어 하는 당신은 지극히 건강하다. 잘못한 것에 대해 후회하고 반성하며 내일은 그러지 말아야지 하면서 당신은 어떻게든 성장해 나갈 것이기 때문이다.

그러니 더 이상 스스로를 닦달하지 말고, 매사에 너무 심각하지 말고, 너무 고민하지 말고, 그냥 재미있게 살았으면 좋겠다. 지금껏 열심히 살아온 당신은 충분히 즐겁게 살 자격이 있다. 그리고 나는 그런 당신을 늘 응원할 것이다. 그런 마음을 담아 원래 책에서 아들과 딸에게 해 주고 싶은 이야기들을 담은 4장을 빼고, 대신 내 책을 읽은 적이 있는, 벌써 마흔이 넘은 독자들에게 해 주고 싶은 말들을 담았다.

정신분석가인 융의 표현을 빌자면 마흔에는 마음에 지진이 일어난다. 나 또한 마흔이 넘었을 때 마음에 지진이 일어났다. 그래서 그럴 때 어떻게 무너지지 않고 다시 앞으로 나아갈 수 있는지에 대해 나의 경험을 토대로 이야기해 주고 싶었다. 마흔에 알았더라면 더 좋았을 것들을 추려 정리한 이유다.

또 정신분석 전문의로서 환자들에게 미처 못 해 준 이야기들도 담았다. 그것은 의사로서 계속 활동했더라면 몰랐을, 병이 나에게 가르쳐 준 것들이기도 하다.

하루하루 잘 버텨 내고 있지만 가끔은 힘들고 외로운 당신에게 내 이야기가 조그만 위로가 되었으면 좋겠다.

　마지막으로 나의 안부를 걱정해 주는 사람들에게 다시 한번 고맙다는 말을 전하고 싶다.

　"모두 고맙습니다."

2022년 가을에

김혜남

p.s. '만일 내가 인생을 다시 산다면'은 내가 정말 좋아해서 번역을 하여 그림책으로 내기도 했던 시이다. 미국 켄터키 주의 어느 산골에 살던 할머니 나딘 스테어가 85세가 되던 해에 썼다고 알려져 있는데, 마치 내 마음을 그대로 고백해 놓은 것처럼 나와 닮아 있고 공감이 갔다. 《오늘 내가 사는 게 재미있는 이유》 10만 부 기념 스페셜 에디션을 준비하면서 새로 쓰거나 다시 정리한 원고들이 많은데 시가 그 내용과 더 잘 어울리는 것 같아 이 책의 제목으로 가져오게 되었다.

파킨슨병이 내게 가르쳐 준 것들

일도 그렇고, 사랑도 그렇고, 뭐 하나 제대로 되는 게 없는 인생이라고, 그래서 무엇을 하든 겁부터 난다는 환자가 있었다. 그녀가 내게 물었다.

"제가 그 일을 하는 게 맞을까요? 했다가 후회하면 어떡하죠? 만약 일이 잘못되면요? 차라리 안 하는 게 더 낫지 않을까요?"

그녀의 간절한 표정을 뒤로하고 나는 말했다.

"제가 점쟁이도 아닌데 어떻게 알겠어요?"

"그건 알지만 그래도 조언을 해 주실 수는 있잖아요."

만약 내가 그 일을 하는 게 좋을 것 같다는 조언을 한다고 해보자. 그녀가 과연 그 일에 도전할까. 나는 그렇게 생각하지 않는다. 그녀는 몇 달째 아무것도 하지 못하고 있었기 때문이다. 그럼에도 나는 안타까운 마음에 어떤 선택을 하든 잘 헤쳐 나갈 테니 용기 내어 딱 한 발짝만 내디뎌 보라고 했다.

잘못된 길이라면 아예 내딛고 싶지 않은 그녀의 심정을 모르는 것은 아니다. 이미 몇 번 실패를 경험한 그녀가 많이 지쳐 있다는 것도 알고 있었다. 하지만 분명한 것은 계속 결정을 미룬 채 고민을 더 해 봐야 시간만 흘러간다는 것이다. 그게 옳은 선택이든 아니든 이제는 결정을 내리고, 선택한 방향으로 한 걸음 한 걸음 나아가야 한다. 가서 경험을 해 봐야 자신과 맞는지 안 맞는지 알 수 있기 때문이다.

나에게도 그렇게 꼼짝도 못 한 채 아무것도 할 수 없었던 시기가 있었다. 2001년 파킨슨병이라는 진단을 받고 난 직후였다. 파킨슨병은 손발이 떨리고, 근육이 뻣뻣해지고, 몸이 굳는 증상이 나타나는 신경 퇴행성 질환이다. 그래서 걷는 것도, 말하는 것도, 심지어 글씨를 쓰고 얼굴 표정을 짓는 것도 마음대로 되지 않는다. 누군가가 파킨슨병을 묘사할 때 온몸을 밧줄로 꽁꽁 묶어 놓고는 움직여 보라고 하는 것이나 마찬가지라고 했는데 그 말이 꼭 맞다. 어떨 땐 한 걸음을 움직이기 위해서 옷이 땀으로 흠뻑 젖을 만큼 고생을 하기도 한다.

보통 파킨슨병에 걸리고 15년이 지나면 사망하거나 심각한 장애가 나타난다고 알려져 있는데 아직까지 마땅한 치료법이 없다. 그저 약으로 병의 진행을 더디게 만들 수 있을 뿐이다. 한마디로 불치병이라는 소리다.

의사다 보니 파킨슨병에 대해 알고 있었지만 그 병이 나를 찾아올 줄은 짐작조차 못 했다. 하필이면 꿈을 펼쳐 보겠다며 개인 병원을 차린 지 1년이 채 안 되었을 때였다. 내가 뭘 그렇게 잘못했기에 이런 병에 걸린 걸까. 누구나 열심히 살겠지만, 나도 누구 못지않게 열심히 살아왔다고 생각했었다. 고등학교 2학년 겨울

방학 때 소울메이트 같았던 친언니를 교통사고로 잃고 몇 년을 방황했지만 결국 잘 버텨 냈고, 첫아이를 응급실 환자를 돌보는 도중에 유산하고는 절망에 빠졌지만 잘 이겨 내어 두 아이를 낳았으며, 시부모님을 모시고 살면서 일하랴 아이 키우랴 힘든 일도 많았지만 포기하지 않고 꿋꿋하게 살아왔다. 그런데 내가 뭘 그렇게 잘못했단 말인가. 너무 억울했고 세상이 원망스러웠으며 내 인생은 끝났다고 절망했더랬다. 게다가 파킨슨병 환자들이 겪는 끔찍한 고통을 내가 과연 견뎌 낼 수 있을까 두려웠다. 그래서 아무것도 못 하고 침대에 누워 천장만 바라보았다.

그렇게 한 달이 지난 어느 날 문득 깨달았다. 절망한 채 누워 있는다고 바뀌는 건 아무것도 없는데, 게다가 다행히 병이 초기 단계라 아직 할 수 있는 일들이 많은데, '내가 왜 이러고 있지?' 하는 생각이 들었던 것이다. 그래서 일어났고, 하루를 살았고, 또 다음 날을 살았다. 그렇게 지금까지 살아왔다. 2014년 초 갑자기 상태가 악화되어 병원 문을 닫을 때까지 진료와 강의를 하며 다섯 권의 책을 썼고, 엄마로서 며느리로서 해야 할 일들을 하며 충실히 살아왔다. 무엇보다 건강관리에 힘쓴 덕에 아직 치매가 오지 않았고 사고력에도 문제가 없으며 우울증도 경미하다. 물론 몸 상태는 지속적으로 나빠지고 있지만 그 속도가 느린 편이어서 이 책도 쓸 수 있었다.

내가 파킨슨병에 걸렸다는 사실을 알면 사람들은 대부분 '참 안됐다'는 표정을 감추지 못한다. 어쩌다 한창일 나이에 몹쓸 병에 걸려 이런 고생을 하는가 안타깝다는 얼굴이다. 그러나 나는 괜찮다. 병이 이미 내 건강의 많은 부분을 앗아 갔고 앞으로 지적 능력까지 빼앗아 갈지 모르지만 아직 닥치지 않은 일이니 걱정해 봐야 아무 소용없다. 그래서 걱정하지 않는다. 그리고 걱정으로 시간을 낭비해 버리기엔 내 인생이 너무 아깝다. 코앞에 있는 화장실에 가는 데 5분 넘게 걸린 적도 있고, 몸이 굳어 버려 옆으로 돌아눕는 것조차 다른 사람의 도움을 받아야 할 만큼 고통스러울 때도 있었지만, 그렇다고 24시간 내내 아픈 건 아니다. 고통과 고통 사이에는 반드시 덜 아픈 시간이 있고, 약을 먹어서 뜻대로 움직일 수 있는 시간도 있다. 나는 그 시간에 무엇을 할지 상상하며 고통을 견뎌 낸다. 그래서 그 시간이 되면 운동을 하고, 친구와 수다를 떨고, 산책을 하고, 그림도 그리고, 딸을 위한 떡볶이도 만들면서 내 일상을 즐긴다. 아마도 내가 아프지 않았더라면 지금처럼 시간을 소중히 여기지 않았을 것이다.

얼마 전 누군가 내게 물었다. 미국으로 유학 가서 정신분석 공부를 더 하고, 죽을 때까지 의사로 살고 싶다던 꿈을 병 때문에 포기하게 되어 속상하지 않느냐고. 전혀 속상하지 않다고 하면 거짓말이겠지만 그래도 괜찮다. 지난 30년간 의사로 살았으면 됐다 싶다. 그러자 그가 나에게 또 물었다.

"아니, 그럼 아쉬운 건 없으세요? 후회되는 것도 없으세요?"

돌이켜 보면 후회되는 게 왜 없겠는가. 그렇지만 살아가는 데 있어 걱정이 별 도움이 안 되듯, 후회 또한 별 도움이 안 되긴 마찬가지다. 그럼에도 한 가지 후회하는 게 있다면 인생을 너무 숙제처럼 해치우듯 살았다는 것이다. 의사로, 엄마로, 아내로, 며느리로, 딸로 살면서 나는 늘 의무와 책임감에 치여 어떻게든 그 모든 역할을 잘해 내려 애썼다. 나 아니면 모든 게 잘 안 돌아갈 거라는 착각 속에 앞만 보며 달려왔고, 그러다 보니 정작 누려야 할 삶의 즐거움들을 놓쳐 버렸다. 아이를 키우는 기쁨도, 환자를 돌보는 성취감도 제대로 만끽하지 못한 채 스스로를 닦달하듯 살았던 것이다.

그래서 이제는 그러지 않으려고 한다. 무엇이든 다 잘해 내려는 욕심을 내려놓고, 방치해 두었던 나 자신을 챙기며 살기로 결심한 것이다. 그래서 컨디션이 좋은 날은 좋은 대로, 컨디션이 좋지 않은 날엔 그런 대로, 하고 싶었지만 바쁘다는 핑계로 미뤄 둔 일들을 하며 하루를 재미있게 보내려고 애쓴다. 가끔 고통이 심할 때는 지치기도 하지만 괜찮다. 아픈 나의 손을 꼭 잡아 주는 사람들이 내 곁에 있기 때문이다.

그리고 무엇보다 나는 하고 싶은 게 아직도 참 많다. 병 때문이기는 하지만 의사 일을 관두고 나니 또 다른 세상이 열렸다. 중국어 공부도 제대로 해 보고 싶고, 진짜 끝내주는 요리를 만들어 사람들에게 대접하고 싶고, 서해·남해·동해를 한 바퀴 쭉 둘러보고도 싶다. 이 책에 공개한 버킷 리스트는 열 개밖에 안 되지만 내 마음속엔 더 많은 리스트가 있다. 그렇게 지금 이 순간에도 꿈꾸기를 멈추지 않아서인지 사는 게 재미있다.

앞으로 병이 다시 악화되어 책을 더 이상 쓸 수 없게 되더라도 나는 그때그때 할 수 있는 일들을 찾아 하면서 재미있게 살고 싶다. 이왕이면 다홍치마라고 어차피 사는 거 재미있게 살다 가면 좋지 아니한가.

2015년 봄날에
김혜남

| CONTENTS |

CHAPTER 1

30년 동안 정신분석 전문의로 일하며 깨달은 인생의 비밀

CHAPTER 2

환자들에게 미처 하지 못한, 꼭 해 주고 싶은 이야기

CHAPTER 3

내가 병을 앓으면서도 유쾌하게 살 수 있는 이유

CHAPTER 4

마흔 살에 알았더라면 더 좋았을 것들

CHAPTER 5

만일 내가 인생을 다시 산다면

CHAPTER 1

30년 동안 정신분석 전문의로
일하며 깨달은 인생의 비밀

아무리 착하게 살아도
불행이 찾아올 때가 있다

"파킨슨병입니다."

2001년 2월 사랑의 전화 복지 재단에서 강의가 있던 날 오전, 나는 파킨슨병이라는 진단을 받았다. 순간 쇠망치로 뒤통수를 얻어맞은 것처럼 멍해졌고 눈앞의 세상이 얼어붙었다. 그렇지만 강의를 취소할 수는 없는 노릇이었다. 겨우 강의를 마치고 나와 택시를 타려는데 갑자기 눈물이 쏟아졌다.

파킨슨병은 도파민이라는 신경 전달 물질을 생산하는 뇌 조직의 손상으로 인해 손발이 떨리고, 근육이 뻣뻣해지며, 몸이 굳고, 행동이 느려지고, 말소리가 잘 나오지 않는 등의 증상이 나타나는 신경 퇴행성 질환이다. 보통 65세 이후 나타나는 노인성 질환으로 알려져 있으며 교황 요한 바오로 2세, 권투 선수 무하

마드 알리, 배우 로빈 윌리엄스도 이 병을 앓은 것으로 알려져 있다. 그런데 마흔세 살에 파킨슨병이라니 너무 잔인하지 않은가. 게다가 파킨슨병은 우울증과 치매, 편집증(피해망상) 등의 증상을 동반하는데 나에게 그런 시련이 닥쳤다는 것이 믿어지지 않았다.

가장 끔찍한 사실은 파킨슨병은 아직까지 딱히 치료법이 없어 희귀성 질환으로 분류되며 발병 후 15~17년 정도 지나면 사망이나 심각한 장애가 나타난다는 것이었다. 그것은 곧 내 인생이 60세 전에 끝난다는 것을 의미했다.

물론 열여덟 살 때 바로 위 언니가 교통사고로 세상을 떠난 후 방황하며 내일이 오지 않았으면 좋겠다는 생각을 한 적이 있었다. 하지만 어차피 살 거라면 잘 살아야겠다고 결심하고 난 뒤 누구보다 열심히 살아왔다. 그런데 왜 하필 나에게 이런 병이 찾아온 걸까. 내가 뭘 그렇게 잘못한 걸까. 시부모님을 모시고 살며 어렵게 두 아이를 낳고 이제 막 내 뜻을 펼쳐 보겠다고 병원을 개업한 지 1년도 채 안 되었는데 왜 나에게 이런 일이 생긴단 말인가. 얼마 전까지만 해도 아이들을 데리고 미국으로 유학을 가서 정신분석 공부를 더 하려는 꿈에 부풀어 있었는데 그게 그렇게 큰 욕심이었던 것일까. 큰아이가 중학생이고 둘째는 초등학생인데 그 아이들은 또 어쩌란 말인가.

당시 나는 평상심으로 환자들을 진료할 수 있는 상태가 아니었다. 그래서 일단 병원 문을 닫고 집에 있는데 거의 한 달 동안을 침대에 누워만 있었다. 만약 내가 의사가 아니었다면 파킨슨병이라는 진단을 받아도 병에 대해 잘 모르니까 덜 끔찍했을 수도 있을 것이다. 하지만 나는 의사였고 병에 대해 너무 잘 알고 있었기에 미래가 빤히 그려졌고 그것이 나를 더 우울하게 만들었다. 꼼짝도 안 하고 침대에 누워 한없이 천장만 쳐다보는데 별의별 생각이 다 들었다.

나는 내가 불치병 환자가 되어 의사로부터 몇 년 안 남았다는 소리를 듣는다면 남들과 다른 반응을 보일 줄 알았다. 그래도 의사니까 이성적으로 판단해 현실을 빨리 받아들일 거라고 생각했던 것이다. 울고불고 원망한다 해도 병이 사라지는 건 아니니까 말이다.

그러나 나는 남들과 별반 다르지 않았다. 내가 왜 그런 병에 걸려야 하는지 이해할 수 없었고, 눈앞이 깜깜했고, 현실을 받아들이기가 힘들었으며, 세상이 너무나 원망스러웠다. 그러는 사이 우울은 더 깊어져 갔고 차라리 이대로 죽어 버리는 게 낫겠다는 생각이 들었다. 그러던 어느 날 문득 정신이 번쩍 들었다.

'아니, 내가 왜 이러고 있지? 나는 그대로인데, 단지 달라진 게 있다면 내 미래가 불확실하고 현재가 조금 불편해진 것밖에 없는데, 내가 왜 이러고 있는 거야? 내가 왜 오지도 않은 미래를 걱정하느라 현재를 망치고 있는 거지?'

당시 나는 피곤하면 오른쪽 다리를 조금 끌고, 글씨를 쓰는 게 힘들긴 했지만 환자들을 진료하고 일상생활을 하는 데 있어 중간 중간 쉬어 준다면 별 문제는 없는 상황이었다. 그런데 왜 오지도 않은 시간을 걱정하느라 침대에 누워 오늘을 망쳐야 하는가. 파킨슨병 치료법이 아직은 없지만 계속해서 연구 중이니 앞으로 개발될 수도 있는 거였다. 그리고 내 뇌에서 도파민 분비 세포가 80퍼센트 사라졌지만, 그래도 아직 20퍼센트는 남아 있다. 즉 내 노력 여하에 따라 병의 진행 속도를 늦출 수 있는 것이었다.

그래서 나는 일어나 다시 병원에 나가기 시작했다. 환자들을 진료하고, 강의를 나가고, 집안일을 하고, 아이들을 보살피는 일상으로 돌아간 것이다. 그런데 놀라운 일이 벌어졌다. 도파민 작용제는 보통 치료 효과가 3년 가는데 나는 그 약으로 12년을 버텼다. 2013년 그다음 단계 약인 레보도파를 쓰기까지 말이다. 또한 나는 그 12년 동안 책을 다섯 권 썼으며, 진료와 강의도 계속했다. 다행히 치매 현상은 아직까지 나타나지 않았고, 우울증도 경미한 편이다.

만약 그때 침대에 계속 누워 병을 원망하고 세상을 원망하며 지냈다면 어땠을까. 몸을 움직이지 못하고, 치매에 걸리고, 우울증의 늪에 빠져 허우적대는 나를 상상하며 그 시간을 보냈더라면 지금의 나는 없었을 테고, 그저 의미 없는 하루하루가 반복되었을 것이다.

살다 보면 예기치 않은 불행이 닥쳐올 때가 있다. 그것을 피할 수 있는 방법은 없다. 하지만 그 후의 시간을 어떻게 보낼지는 내가 어떻게 마음먹느냐에 달려 있다. 똑같은 12년이라도 그 결과가 확실히 다른 것처럼 말이다. 그것이 내가 2001년 2월에 파킨슨병 진단을 받고 깨달은 삶의 진실이다.

완벽한 때는 결코 오지 않는 법이다

1987년 탈 벤 샤하르는 스물한 살의 나이에 이스라엘 전국 스쿼시 선수권 대회에서 최연소 챔피언이 되었다. 우승한 순간 그는 가슴이 벅찼고 행복했지만 세 시간이 지나자 언제 그랬냐는 듯 행복은 사라져 버렸다. 스쿼시가 이스라엘을 대표하는 스포츠도 아니고 선수도 몇천 명밖에 안 되는데, 거기서 1등을 한 게 그리 대단한 일은 아니라는 생각이 들었기 때문이다.

다음 날 그는 세계 챔피언이 되어야겠다는 생각에 영국으로 떠났다. 하루라도 빨리 세계 최고의 선수가 되고 싶었던 그는 한시도 쉬지 않고 고된 훈련을 거듭했다. 그 결과 영국으로 간 지 1년 만에 청소년 메이저 대회의 결승전에 오를 수 있었다. 하지만 실수하면 안 된다는 불안감과 긴장감에 시달리던 그는 갑자기 발에 쥐가 나더니 팔다리에도 쥐가 나 눈앞에서 1등을 놓치고 말았다. 게다가 1년 가까이 무리하게 몸을 혹사시킨 탓에 스쿼시마저 그만두어야 했다. 하지만 모든 일을 완벽하게 해내야만 하고 한 치의 실수도 용납하지 않는 완벽주의 성향은 그가 운동을 그만두고 하버드 대학교에 들어간 뒤에도 변하지 않았다. 저서 《완벽주의자를 위한 행복 수업》에서 그는 이렇게 고백한다.

"모든 교재를 한 글자도 놓치지 않고 읽어야 하고, 모든 리포트와 시험에서 완벽한 점수를 받아야 했다. 이 목표를 달성하기 위해 매일 밤을 새우다시피 했고, 그래도 실패할 수 있다는 불안감 때문에 리포트를 제출하거나 시험을 치르고 나면 한동안 잠을 이루지 못했다."

그 결과 그는 항상 최고점을 받았지만 불행했고 심지어 나중에는 공부 그 자체를 싫어하게 되었다. 모든 걸 완벽하게 하고 싶었지만 어느 순간 몸도 마음도 지친 그는 점점 더 불행해져만 가는 자신을 견딜 수가 없었다. 그래서 자신의 불행과 불안에 대한 연구를 시작했는데 오랜 연구 끝에 깨달은 것은 하나였다. 완벽에 대한 집착과 강박으로 인해 끊임없이 뭔가를 해야만 했고, 그럼에도 자꾸만 자신이 부족하다고 생각돼 늘 불안했으며, 그로 인해 삶은 피폐해졌다는 사실이었다.

자신의 경험담을 토대로 긍정 심리학을 연구한 그는 현재 하버드 대학교 심리학과 교수가 되어 학생들에게 과거의 자신처럼 불행한 완벽주의자로 살지 말라고 조언한다. 완벽주의를 포기한다고 해서 절대 삶이 무너지지 않으며, 오히려 삶을 더 즐기면서 잘 살게 된다는 것이 그의 이야기다.

나는 그의 말에 십분 동의한다. 실패나 실수를 용납하지 못하는 완벽주의자들은 '사는 재미'를 모른다. 매일같이 높은 목표를 세워 놓고 그것을 달성하기 위해 오늘을 다 바치기 때문이다. 목표를 이루지도 못했는데 도중에 삶을 즐긴다는 건 그들에게 있을 수 없는 일이다. 놀고 싶지만 내일 볼 시험을 걱정 하느라 놀 수 없는 학생처럼 말이다.

문제는 완벽주의자들에게는 매일이 시험이라는 데 있다. 심지어 그들은 매일 100점을 맞고 싶어 한다. 그들에게 '아이고, 실수할 수도 있지 뭘 그래요?'라고 말하는 건 실례다. 그들은 자신이 조금이라도 실수를 하면 사람들에게 바로 외면당하고 돌이킬 수 없는 치명타를 입을 거라고 생각하기 때문이다.

그래서 그들은 실수하지 않기 위해 완벽한 준비를 꿈꾼다. 대학교 입학 전에 대학교에서 필요한 모든 것들을 준비하고, 취업 전에 회사에서 필요한 것들을 다 준비하고, 엄마가 되기 전에 엄마 될 준비를 마치고 싶어 한다. 결혼하려면 아파트가 마련되어 있어야 하고, 경제적 능력이 없이는 애를 낳아서도 안 된다고 생각한다. 하지만 그들이 '이럴 땐 어떡하지?', '저럴 땐 어떡하지?' 하면서 경우의 수를 따져 볼수록 준비 목록은 더 늘어나고, 그에 대한 대비책을 세우느라 결국 아무것도 시작하지 못한다. 계속 준비만 하다가 인생을 다 보내는 것이다. 그런데 모든 것이 완벽하게 준비되어야 움직일 수 있다고 생각하면 한 발자국도 움직이지 못한다. 내일 당장 어떤 일이 벌어질지 모르는데 그 모든 위험성을 예측하고 예방해 놓는 것은 불가능에 가깝기 때문이다.

운전면허 필기시험은 60점 이상이면 통과인데, 하나라도 틀리면 안 된다는 강박에 시달리며 시험을 준비하는 사람과 '60점만 넘으면 되지 뭐' 하는 사람의 준비 과정은 다를 수밖에 없다. 그런데 중요한 사실은 60점만 넘으면 똑같이 필기시험을 통과한다는 것이다. 그러니 굳이 하나라도 틀리면 큰일이 날 것처럼 불안에 떨면서 시험을 준비할 필요가 없다. 어쨌든 60점만 넘으면 되는 것 아닌가. 인생도 마찬가지다. 아무리 준비해도 '완벽한 준비'란 있을 수 없다. 회사가 원하는 스펙을 다 채우려다 보면 서른을 훌쩍 넘겨도 취업하기가 어렵고, 꼭 내 집 마련을 한 뒤에 결혼하려면 언제 결혼할 수 있을지 까마득하게만 느껴진다. 그러니 더 이상 완벽한 때를 기다리지 말고, 60퍼센트만 채워졌다고 생각되면 길을 나서 보라.

어느 날 후배가 한숨을 푹 쉬며 나에게 이야기했다.

"집에 없는 게 너무 많아요."

신접살림을 차렸는데, 정신없이 결혼하다 보니 빠뜨린 게 너무 많다는 것이다. 사야 할 것은 많은데 돈은 너무 부족하고 그래서 속상하단다. 그릇 하나도 왜 이렇게 비싸냐며 한숨을 쉬는 그녀에게 내가 그랬다. 돌이켜 보면 나도 돈 걱정을 하긴 했지만 하나하나 직접 사서 없는 살림 채워 나가는 재미가 쏠쏠했던 것 같다고. 과일칼이 없어서 큰 칼로 과일을 깎아 먹고 밥주걱이 없어서 숟가락으로 밥을 뜨며 웃던 기억, 이거 살까 저거 살까 고민하다가 돈이 없어 비싼 건 못 사고 싼 걸 샀다가 후회한 기억, 큰맘 먹고 비싸게 주고 샀는데 먼지만 풀풀 날리는 가구를 보며 골머리 앓던 기억 등등 살림살이를 마련하며 생긴 추억도 한가득하다. 가구 몇 점 없다고, 그릇 몇 개 없다고 죽는 건 아니다. 어떻게든 살아진다. 그리고 밥주걱을 사고 과일칼을 샀을 때 마음이 뿌듯했으며, 빈자리를 하나둘씩 필요한 가구로 채워 나갈 때마다 내 힘으로 뭔가 한 것 같아서 기뻤다. 살림살이를 채워 나가는 재미가 이런 거구나 느낀 것도 그때였다. 그래서 그녀에게 이렇게 말했다. 모든 걸 준비할 수도 없었을 테고, 아무리 준비해도 살 게 분명 또 있었을 거라고. 그러니 조금씩 살림살이를 채워 가라고. 서둘러 준비했으면 오히려 집에 안 맞는 가구들을 사서 후회했을 수도 있다고. 조급해할 필요가 전혀 없다고 말이다. 사진가 앙리 카르티에 브레송은 이런 말을 남겼다고 한다.

"나는 평생 생의 결정적 순간을 포착하기 위해 헤맸다. 그러나 인생의 모든 순간이 결정적 순간이었다."

그래서 나는 완벽한 때를 기다리지 않는다. 내 삶에는 늘 빈 구석이 많았고, 그 빈 구석을 채우는 재미로 살아왔고, 앞으로도 그럴 테니까. 나는 가고 싶은 길을 갈 것이다. 준비가 좀 덜 되어 있으면 어떤가. 가면서 채우면 되고 그 모든 순간이 결정적 순간인 것을.

딱 한 발짝만 내디뎌 볼 것

　2014년 1월 3일 아침 출근하려는데 이건 아니다 싶었다. 병이 조금씩 악화되어 그렇게 미뤄 왔던 치료제 레보도파를 사용한 지 10개월째였는데 더 이상 환자를 진료하는 건 무리라는 생각이 들었다. 그래서 환자들에게 한 달만 쉬어야 할 것 같다고 양해를 구하고 출근을 포기했다. 첫 아이를 유산하고, 어렵게 두 아이를 낳고 키우는 와중에도 결코 포기한 적이 없는 출근을 내려놓은 것이다.

　하지만 바람과는 달리 증상은 더욱 악화되었고 결국엔 병원 문을 닫고 체질 개선과 요양을 목적으로 제주도에 내려갔다. 선흘리에 있는 조그만 집에서 혼자 머무르며 치료에만 집중했는데 처음에는 진료도 그만두고 공기 좋은 곳에 내려가서인지 병세가 호전되었다.

그러나 그것도 잠시, 점점 몸을 움직이기가 힘들었다. 레보도파 약효의 지속 시간이 세 시간밖에 안 돼 하루의 반 정도는 누워서 약 먹을 시간이 되기만을 기다려야 했고, 땀이 비 오듯 쏟아져 하룻밤에도 옷을 세 번 정도 갈아입어야 했다. 게다가 약기운이 떨어지면 자율신경계가 깨져서 심박동수가 120을 넘고, 몸을 움직일 수가 없어 돌아눕기도 힘들고, 이불이 무겁게 느껴져서 발로 차 내려고 해도 다리가 뻣뻣해 그것도 여의치 않았다. 다리를 1센티미터 옆으로 옮기는 것조차 내 마음대로 되지 않았던 것이다. 누군가 파킨슨병을 묘사할 때 온몸을 밧줄로 꽁꽁 묶어 놓고는 움직여 보라고 하는 것이나 마찬가지라고 했는데 그 상태를 직접 경험하는 것은 커다란 고통이었다.

가장 큰 문제는 화장실이었다. 파킨슨병 환자들의 경우 소변이 금방 마려워 화장실에 자주 가는데 밤에도 예외는 아니다. 겨우 눈을 붙였는데 소변이 마려워 잠을 깨고 화장실에 갔다 오면 한두 시간 잠들었다가 다시 화장실에 가는 일이 반복되었다.

그날도 그랬다. 새벽 1시쯤 소변이 마려워 눈을 떴다. 힘겹게 일어선 다음 화장실에 가려고 발을 떼는데 몸이 앞으로 쏠리면서 꽈당 넘어질 뻔했다. 분명 내 다리인데 내 마음대로 움직여지지가 않았던 것이다. 화장실이 바로 코앞에 있는데 도저히 거기까지 갈 수가 없었다. 땀을 뻘뻘 흘리며 화장실 쪽을 바라보며 움직이려다 앞으로 넘어지길 몇 번, 이대로 주저앉아 오줌을 싸

버릴까 싶었다. 다 큰 어른이 바지에 오줌을 싸게 될 줄이야. 비참하고 고통스러운데 집에 나 혼자뿐이니 더 막막했다.

그러다 화장실 문을 바라보는 대신 발을 가만히 쳐다보았다. 그리고는 발을 한 발짝 천천히 떼었다. 신기하게도 발이 움직여졌다. 발을 쳐다보면서 다시 한 발짝 움직였다. 그렇게 한 발짝 한 발짝 나아가다 보니 어느새 화장실에 도착해 있었다. 보통 때면 2초 만에 갈 수 있는 화장실을 가는 데 5분 넘게 걸리긴 했지만 도착해서 볼일을 봤으니 그러면 된 것 아닌가.

'아, 한 발짝이구나.'

내가 가려는 먼 곳을 쳐다보며 걷는 게 아니라 지금 있는 자리에서 발을 쳐다보며 일단 한 발짝을 떼는 것, 그것이 시작이며 끝이다. 그렇게 한 발짝 한 발짝 내딛는 데 집중하다 보면 어느새 목적지에 도착해 있는 나를 발견하게 되는 것이다.

흔히 높은 계단을 오를 때 저 위를 보고 가면 못 올라간다는 말이 있다. 분명 많이 올라왔는데 계단 끝까지 가려면 아직도 멀었다는 사실에 절망하여 주저앉게 되기 때문이다. 주저앉아 언제쯤 저 끝까지 갈 수 있을까 생각하다 아예 올라가기를 포기하게도 된다. 그러나 도저히 못 갈 것 같은 순간에도 발을 쳐다보며 한 발짝 떼는 것은 언제든 가능하다. 그리고 계단 끝을 보며 올라갈 때는 '힘들다'는 소리가 절로 나오고 올라가는 일 자체가 고통스러운데, 신기하게도 발을 쳐다보고 한 발짝을 떼는 데 집중하면 힘들다는 생각이 들지 않는다. 온 신경이 그저 한 발짝을 내딛는 데만 집중되기 때문이다.

"선생님, 한 발짝을 떼는 것은 쉽죠. 그런데 만약에 그 길이 아니면 어떡하죠? 잘못된 길인 줄 모르고 한 발짝 한 발짝 열심히 갔는데 낭떠러지에 도착하면 어떡하느냐고요."

어느 환자가 볼멘소리로 나에게 했던 말이다. 내가 몇 년 동안 진료를 맡았는데 병 때문에 도저히 진료가 불가능해서 다른 의사를 소개해 주자 그는 나에게 울면서 전화를 했다.

"선생님, 그 의사 선생님이 저한테 맞는 치료자일까요? 저를 도와줄 수 있는 분이 맞느냐고요. 만약에 아니면 어떡하죠?"

나도 모른다고 대답했다. 그와 치료자가 맞을지 안 맞을지는 둘이 서로 만나서 치료를 진행해 봐야 알 수 있기 때문이다. 내 딴엔 미안한 마음에 최대한 그와 잘 맞을 것 같은 치료자를 연결해 줬지만 내 생각이 틀릴 수도 있다.

"만약에 잘 맞으면 계속 그 의사 선생님과 치료를 진행하면 되고, 안 맞으면 다른 치료자를 찾아가면 되죠. 그런데 지금처럼 울면서 아무것도 하지 않으면 당신의 상태가 더 나빠질 거라는 건 확실해요. 정말 미안하지만 내가 더 이상 당신을 진료할 수 있는 상황이 아니니까요."

이 길이 맞을까 저 길이 맞을까, 우리는 늘 선택의 기로에 서게 된다. 그런데 분명한 것은 어떤 길로 가는 게 맞을지는 모르지만 걸어간 길을 내 것으로 만드는 것은 나의 몫이다. 배우자를 찾는다고 했을 때 그가 나와 맞을지는 누구도 모르는 거다. 연애할 때는 괜찮았는데 막상 결혼하고 보니 안 맞을 수도 있다. 그럼에도 배우자를 내 남편 혹은 내 아내로 만들어 가는 건 내 몫이다. 물론 선택한 길이 틀릴 수도 있고, 최선을 다했는데도 낭떠러지에 도착할 때도 있을 것이다. 하지만 그게 두려워 한 발짝도 떼지 않으면 영영 아무 데도 못 가게 된다.

그리고 내 경험상 틀린 길은 없었다. 실패를 하더라도 실패로부터 무언가를 배우면 그것은 더 이상 실패가 아니었고, 길을 잘못 들었다 싶어도 나중에 보면 그 길에서 내가 미처 몰랐던 것들을 배움으로써 내 삶이 더 풍요로워졌다. 때론 내 뜻대로 흘러가지 않는 인생 때문에 화가 난 적도 있지만 분노의 힘이 나를 살게 한 적도 있다. 그러므로 가장 빠른 직선 코스로 가야 한다는 강박관념만 버린다면 한 발짝을 떼는 것에 대해 두려움을 가질 이유는 없다. 남보다 빨리 목적지에 도착해 봐야 그 기쁨을 같이 나눌 사람이 없다면 오히려 그게 더 슬픈 일이다.

그러니 어떤 순간에도 삶을 포기하지 말고 용기 내어 일단 한 발짝만 내디뎌 보라. 나는 화장실에 가기까지 5분이 걸렸지만 도착한 순간 해냈다는 기쁨에 환호성을 질렀다. 당신이 누구든, 어떤 상황에 있든 한 발짝을 내디딘 순간 알게 될 것이다. 용기 내기를 참 잘했다는 것을.

처음은 누구나 서툴다

1999년은 내가 운전면허를 딴 해다. 남들은 20대에 딴다는 면허를 마흔 넘어 뒤늦게 따면서 참 말도 많이 들었다. "아직까지 차가 없으셨어요?" "장롱 면허라도 있으신 줄 알았어요". 바로 위 언니가 차 사고로 세상을 떠난 탓인지 나는 오래도록 차를 꺼렸고 운전면허 딸 생각을 하지 않았다. 그럼에도 누구나 운전하고 다니니까 나도 운전을 하면 당연히 잘할 줄 알았다. 운동신경이 둔한 것도 아니니까 웬만큼 하지 않을까 싶었던 것이다.

그러나 웬걸, 남들은 다 잘하는 운전이 왜 나한테는 이토록 어려운 건지⋯. 어느 날 아침 출근길에 운전을 하고 가는데 차에서 계속 덜덜덜덜 소리가 나고 타이어와 보닛에서 연기가 조금씩 피어올랐다. 나중에 병원에 도착해 살펴보니 내가 사이드 브

레이크를 채운 채로 운전한 거였다. 가슴이 철렁했다. 한번은 딸과 그 친구들이 놀이공원에 가고 싶다고 하도 졸라서 네 명을 태우고 가는데, 주차장을 올라가다 차가 갑자기 뒤로 밀리는 바람에 뒤 차를 박을 뻔도 했다. 이뿐만이 아니다. 퇴근길에 차를 몰고 집에 왔는데 트렁크가 열려 있었다. 한 시간 내내 트렁크를 연 채로 운전을 한 것이다. 생각할수록 아찔한 일들의 연속이었다. 그러다 트럭이 내 차를 치고 갈 뻔한 일이 생기자 운전하는 게 두렵다는 생각마저 들었다.

뭔지 모를 자신감에 당연히 잘할 거라고 생각했는데 6개월 동안 생각지도 못한 실수들을 연발하며 나는 스스로 초보임을 인정할 수밖에 없었다. 그래서 최소한의 사고라도 방지하기 위해 차 뒷유리에 크게 '초보 운전'이라고 붙이고 다녔다. 그러다가 파킨슨병 진단을 받고 아무래도 안 되겠다 싶어 다시 차를 남편에게 반납해 버렸지만 말이다.

그런데 한 후배의 말에 따르면 요즘은 초보 운전자도 '초보 운전' 딱지를 잘 붙이지 않는단다. 특히나 운전자가 여자란 걸 알면 운전도 잘 못하면서 왜 차를 끌고 나와 다른 사람 갈 길을 막느냐고 면박을 주는 사람들이 있고, 괜한 해코지를 당할 수도 있다고 한다. 그런 얘기를 들으니 기가 막혔다. 알아서 피해 가라고 초보 운전 표시를 한 사람에게 무슨 잘못이 있단 말인가. 자기네들도 분명 초보 시절이 있었을 텐데 왜 처음부터 능숙하게 잘했던 사람처럼 구는가 말이다.

처음은 누구나 서툰 법이다. 잘 모르니까 서툴 수밖에 없고 그래서 초보인 것이다. 그런데 하루는 딸이 또 나를 기가 막히게 만들었다.

"엄마는 잘하는데 나는 못하니까 그게 굉장히 속상해."

내가 딸보다 사회생활을 30년은 더 했다. 그 오랜 세월 무수한 시행착오를 겪으며 잘하게 된 것인데 어째서 나와 비교를 하려 하는지 이해가 되지 않았다.

"네가 지금 못하는 건 너무 당연한 일이야. 너는 이제 막 사회생활을 시작한 거잖아. 그런데 어떻게 30년을 건너뛰어 엄마와 비교하려 드니. 나도 그렇고 아빠도 그렇고 네 나이 때는 너보다 더 못했어."

그제야 딸이 안심이 된다는 표정을 짓는데, 문득 의문이 들었다. 왜 초보가 초보인 것을 인정하지 못하고, 다 알아야 한다고 생각하는 걸까? 왜 처음부터 능숙하고 유능해야 한다고 생각하는 걸까? 왜 조금만 실수해도 금방 좌절해 버리는 걸까? 그런데 거꾸로 생각해 보면 회사에서 팀장들은 신입을 꺼린다. 대신 이미 다 준비가 되어 있어서 입사하면 바로 자기 몫을 온전히 할 수 있는 경력자를 선호한다. 왜 신입을 뽑지 않느냐고 물으면 언제 키워서 제대로 일하게 만드느냐고 되묻는다. 치열한 시장에서 살아남기 위해서는 경쟁사보다 앞서야 하는데 그러기 위해서는 빨리 결과가 나와야 하니까 신입을 기다려 줄 여유가 없다는 것이다. 그러고 보니 이래저래 초보가 찬밥 신세밖에 안 되는 사

회가 되어 버렸다. 초보의 서행을 이해하고 기다려 주던 시대가
물 건너 가 버린 것이다.

그럼에도 나는 딸에게 오히려 회사 초보 딱지를 제대로 붙이
고 다니라고 이야기했다. 초보 운전자는 운전대를 잡고 앞만 보
며 달리기도 벅차다. 주위를 살필 여유가 없다. 그리고 긴장한 탓
에 온몸에 힘이 잔뜩 들어간다. 그래서 초보 때는 한 시간만 운
전해도 녹초가 된다. 그만큼 초보는 초보다. 실수나 잘못을 할 위
험이 큰 것이다. 그러니까 사람들에게 알려야 한다. 불리한 점도
있다지만 그래도 초보 운전 딱지를 붙이면 사람들이 비켜 주기
도 하고, 거리를 두는 등 초보 운전자를 배려해 준다. 마찬가지
로 회사에서도 초보라서 잘 모르니까 가르쳐 달라고 말하며 열
정적으로 선배들을 쫓아다니고 배우려는 자세를 보여야 한다.
그러면 선배들이 하나라도 더 가르쳐 주게 되어 있다. 경험상 바
짝 긴장해서 열심히 배우려는 후배를 예뻐하지 않을 선배는 없
다. 그들 또한 서툴고 힘든 초보 시절을 겪어 냈기 때문이다. 나
도 마찬가지다. 어느 날 환자가 나한테 말했다.

"선생님도 많이 변한 거 아시죠?"

어찌 모르겠는가. 사이코드라마를 처음 시작했을 때 이론은
알겠는데 경험은 없으니, 환자와 이야기를 하는데 긴장한 탓에
말을 버벅댔다. 게다가 뭔가 멋진 말을 하려다 보니 자연스럽지
않았고, 이론적인 해석만 계속 되풀이했다. 그런데도 그 환자가
더 나은 전문가를 찾지 않고 나한테 온 이유는 딱 한 가지였다.

부족하고 서툴지만 자기를 정말 도와주려는 진정성이 느껴졌기 때문이란다. 환자도 내가 초보인 줄 뻔히 알았는데 주위 사람들은 어땠겠는가.

그러니 더 이상 아는 척 혼자 끙끙대지 말고 초보 티를 내자. 실수 하나 했다고 금방 좌절하고 주눅 들어 있지 말고 딱 한마디만 해 보는 것이다. "모릅니다. 가르쳐 주세요. 잘 배워 보겠습니다." 그리고 지나 보니 알겠다. 실수가 맘껏 허용되는 것은 초보 때뿐이다. 그때 무수한 시행착오를 거듭한 사람일수록 아주 크게 발전한다. 만약 그 시절로 돌아갈 수 있다면, 나는 어깨에 힘을 빼고 한 걸음 한 걸음 배워 나가는 기쁨을 누릴 것이다. 그것이 바로 초보 딱지의 매력이니까.

하나의 문이 닫히면
또 다른 문이 열린다

지금으로부터 47년 전 바로 위 언니가 대학교 입학을 앞두고 교통사고로 갑자기 세상을 떠났다. 그런데 슬퍼할 겨를도 없이 한 달 뒤 할머니마저 세상을 떠났고 나는 고등학교 3학년이 되었다. 나는 어떻게든 버텨야 했다. 언젠가 언니는 역사학자가 되고 나는 의사가 되기로 약속했는데 그 약속을 지키기 위해서라도 악착같이 공부해야 했다. 그렇게 해서 결국 목표했던 의대에 들어갔지만 갑자기 모든 것이 허무하게 느껴졌다. 누구보다 나의 입학을 축하해 줄 언니는 곁에 없고, 나 혼자 덩그러니 남았다는 사실이 나를 못 견디게 만들었다.

지금 생각해 보면 그때 나는 언니가 죽고 난 뒤 버텨야 한다는 생각에 슬픔마저 꾹꾹 억누르고 있었는데 대학 진학 후에 그 슬

품이 터져 버린 것이었다. 뒤늦은 애도를 하며 시작된 방황은 멈출 줄을 몰랐다. 꿈 많던 언니를 순식간에 데려가 버리는 세상인데 내가 열심히 산들 무슨 소용이 있을까 싶었다. 모든 것이 부질없다는 생각에 방황을 거듭하고 있던 어느 날 사촌 오빠가 다가왔다.

"혜남아, 인생에 최선만 있는 건 아니야. 최선이 안 되면 차선이 있고, 차선이 안 되면 차차선도 있는 법이거든. 그래서 끝까지 가 봐야 하는 게 인생이야."

언니와 꿈꾸던 미래가 닫힌 순간 나는 모든 것이 끝났다고 생각했는데 다른 길이 있다는 것이었다. 심지어 무수히 많은 길이 있으니 여기서 인생이 끝났다고 단정 짓지 말라는 것이었다. 당시 그 의미를 정확하게는 이해할 수 없었지만 그 말은 나에게 많은 위로가 되었다. 어쨌든 아직 끝은 아니니까 나는 또 다시 살아 봐야 하는 것이었다.

어차피 살아야 할 인생이라면 잘 살고 싶었다. 그래서 의대에서 예과와 본과를 거치는 6년 동안 누구보다 치열하게 살았다. 인턴 과정도 우수한 성적으로 마쳤다. 그러다 보니 나는 당연히 대학병원에 남을 거라고 생각했다. 대학병원에서 전문의를 따고 대학교수가 되는 미래를 당연하게 꿈꾼 것이다.

그런데 나 대신 다른 사람이 레지던트로 뽑히면서 나는 대학병원을 나가야 하는 상황에 처하게 되었다. 그동안 뭐든 잘한다는 칭찬만 듣다 보니 내가 잘난 줄로만 알고 있었는데 결과적으로 별 볼일 없는 사람이 된 것 같은 기분이 들었다. 그 실망감과 절망감은 어떻게 표현할 수가 없었다.

대학병원 대신 국립정신병원(현 국립정신건강센터)을 선택한 뒤 그곳을 둘러보고 나오는데 툭 하고 눈물이 떨어졌다. 그곳에서 내가 레지던트 과정을 밟아야 한다는 사실이 믿기지 않았다. 나는 대학병원에 있어야 할 사람인데 왜 여기에 있단 말인가. 생각할수록 비참하고 화가 나서 견딜 수가 없었다.

하지만 정말 인생은 살아 보기 전에는 모르는 것이었다. 국립정신병원에서 레지던트로 3년을 보내면서, 생각지 못한 다양한 경험을 했다. 정신 치료법으로 약물 치료뿐만 아니라 사이코드라마, 예술 치료, 정신분석을 골고루 접하게 된 것이다. 대학 병원에 남았다면 결코 해 보지 못했을 소중한 경험들이었다. 특히나 그때만 해도 사이코드라마를 하는 경우가 거의 없다 보니, 내가 사이코드라마를 치료법으로 사용한 것이 사람들 눈에 띄기 시작했다. 그뿐만이 아니었다. 나중에는 레지던트들을 지도 감독하는 일을 하며 내가 더 많이 배웠다. 남에게 가르치는 수준이 되려면 끊임없이 연구 논문들과 각종 사례를 공부해야 했기 때문이다.

대학병원에 남지 못했을 때 나는 또다시 인생이 끝났다고 생각해 절망했더랬다. 그런데 차선으로 선택한 국립정신병원에서 다양한 경험을 하면서 내가 무엇에 관심을 가지고 있으며, 무엇을 잘할 수 있는지, 앞으로 정말 하고 싶은 건 뭔지도 알게 되었다.

만약 대학병원에 남았다면 주어진 길에 맞춰 가야 한다고 생각했을 것이다. 나는 이렇게 최선이 아닌 차선의 길에서 더 많은 가능성을 발견했고 내가 미처 생각지 못한 것들을 배울 수 있었다.

사람들은 자기가 원하는 것은 꼭 이뤄져야 한다고 생각한다. 그래서 다른 길이 있을 수도 있는데 원하는 게 이루어지지 않았다는 이유만으로 실패했다고 단정 짓는다. 하지만 그것은 하나의 문이 닫힌 것일 뿐, 그 이상도 그 이하도 아니다. 게다가 하나의 문이 닫히면 또 다른 문이 열린다. 그러니 최선이 이루어지지 않았다고 해서 좌절할 필요가 전혀 없다. 사촌 오빠의 말처럼 최선이 아니면 차선이 있는 법이고, 차선이 아니면 차차선이 기다리고 있는 법이니까. 그리고 나처럼 차선의 길에서 미처 생각지 못한 더 큰 가능성을 발견할 수도 있다. 정말이지 가 보지 않으면 모르는 게 인생이고, 끝까지 가 봐야 아는 게 인생이다.

원하는 삶을 산다는 것의 진짜 의미

이 지구상에는 명령 받는 것을 아주 싫어하는 동물이 두 종류 있다. 하나는 청개구리이고 다른 하나는 우리 인간이다. 동화에 나오는 청개구리는 엄마 개구리가 동쪽으로 가라고 하면 서쪽으로 가고, 앉으라고 하면 일어선다. 사람도 마찬가지다. 뭘 하려다가도 누가 시키면 갑자기 하기 싫고 '내가 하나 봐라' 심술을 부리며 일부러 안 하려고 든다. 어릴 적 책상에 앉았는데 "공부해라"라는 엄마의 말에 '에잇, 안 해' 하며 책을 덮어 본 사람들은 무슨 말인지 잘 알 것이다.

누군가 시키면 하기 싫어지는 데는 이유가 있다. 사람들은 자신의 삶에 대해 주도권을 갖고 싶어 하는데 명령을 받으면 그 주도권을 남에게 빼앗긴 듯한 느낌이 들기 때문이다. 그래서 사람들은 타인이 명령을 내리고 통제를 가하면 그것을 자꾸만 벗어나고 싶어 한다. "봐, 나는 네가 시키는 대로 하는 사람이 아니야. 난 내가 선택하고 결정할 수 있어"라고 말하고 싶은 것이다.

사실 자율성은 인간의 중요한 본능적 욕구 중 하나다. 타인의 간섭과 침입을 막고 내 영역을 지켜 인생의 주인이 되고자 하는 것이다. 인간이 태어나서 처음 하는 의사 표현도 바로 '싫어' 혹은 '안 해'다. 갓난아이는 배가 부르면 아무리 입에 우유를 넣어 주어도 고개를 돌리고 뱉어 버린다. 자고 싶지 않으면 죽어도 자지 않고, 조금만 불편하게 안아도 제대로 안으라며 자지러지게 울어 댄다. 그래서 아이를 키우는 과정은 이처럼 뭐든지 제멋대로 하려는 아이를 사회라는 테두리에 맞추어 나가는 것이나 다름없다. 그런데 이 과정에서 과한 통제를 받으면 자율성에 심각한 손상이 생긴다. 말을 잘 들어야만 칭찬과 사랑을 주는 타인에 대해 극심한 분노와 애정을 동시에 느끼며 그 사이에서 큰 혼란을 겪게 되는 것이다.

그럼에도 우리는 자유롭게 살라는 말을 들으며 자랐다. 심지어 학교와 직업을 자유롭게 선택하고, 자유롭게 연애하고, 결혼 여부도 자유롭게 결정하는 등 원하는 대로 삶의 방식을 결정하는 것이 옳다고 배웠다. 그런데 정말 자신이 자유롭다고 생각하는 사람은 극히 드물다. 대부분 부모님이 시키고, 학교가 시키고, 사회가 시키고, 사람들이 좋다는 길을 걸으며 살아가기 때문이다. 괜히 내가 원하는 것을 고집했다가 '실패하면 어떡하지' 하며 두려워할 뿐 '내가 정말 원하는 것'을 생각해 본 적이 없다.

그래서 사회적으로 보면 잘 살고 있는 것처럼 보이는데 내 안에서는 자꾸만 화가 치솟는다. 남들의 눈 때문에 늘 수동적으로 움직이는 나 자신이 싫은데, 그런 상황에서 누군가 나를 조금이라도 통제하려고 들면 '통제' 그 자체에 예민해진다. 존중받기는 커녕 남들에게 또다시 휘둘리는 느낌이 강하게 들기 때문이다. 특히나 어릴 적 부모의 강한 통제 속에 자라난 아이는 어른이 되어 통제받는 것을 유달리 못 견디는 경향을 보인다.

상담 시간에 친정 부모와 시어머니 이야기부터 꺼내는 환자가 있었다. 양반 가문의 며느리로서 겪는 고생담은 기본이었다. 그녀의 이야기는 늘 "우리 아버지가", "우리 엄마가", "우리 시어머니가"라는 말로 시작되었고, 그들에게 받은 상처와 숨 막히는 일들을 토로하다 보면 어느새 상담 시간이 다 지나가 버리곤 했다. 시댁과 친정 모두 엄하고 유난스럽기는 했다. 그런 말도 안 되는 일들을 겪으며 어떻게 살까 싶기도 했다. 하지만 내가 그녀를 진짜 걱정했던 것은 다른 이유 때문이었다. 1년 넘게 상담을 하는 내내 그녀의 이야기에는 그녀가 없었다. 늘 그들에게 당하거나 그들과 있으며 겪는 일밖에 없었던 것이다.

"당신의 인생인데 당신의 이야기가 없네요. 그들의 이야기밖에는요."

나는 그녀에게 그들의 역사를 읊는 대신 그녀 자신의 역사를 써 나갔으면 좋겠다고 했다. 그들에게 휘둘리고 끌려다니는 이야기 말고, 그들 때문에 아무것도 못 하는 이야기 말고, 그 와중에 하나라도 스스로 만들어 가는 것이 있으면 좋겠다는 말을 해 주었다. 그녀는 많이 놀라는 눈치였다. 그들이 원하는 것을 들어줘야 하고, 그들에게 맞춰야 한다고 생각하며 살았는데 그러느라 정작 내팽개치고 버려두었던 것이 자기 자신이라는 사실을 그제야 깨달은 것이다.

그 후 그녀는 진료 시간에 그들의 이야기를 줄여 나가기 시작했고, 대신 그 시간에 자신이 하고 싶은 일을 말하기 시작했다. 그러기를 2년, 그녀에게서 반가운 소식이 들려왔다. 조그만 카페를 차렸다는 이야기였다. 물론 친정과 시댁 문제가 풀린 것은 아니었다. "너는 내 딸이고 내 며느리니까 당연히 내 뜻을 따라야 해"라는 그들의 목소리가 줄어든 것도 아니었다. 상황은 변한 게 없었다. 다만 바뀐 것은 그녀의 생각이었다. 그녀가 그들의 역사 대신 자신의 역사를 써 나가기로 마음먹은 것이다.

자신의 역사를 써 나간다는 것, 그것은 인생을 주체적으로 살아간다는 뜻이다. 누가 나를 함부로 대하고, 나를 자신의 뜻대로 좌지우지하려고 해도 그에 휘둘리지 않고 살아간다는 의미다. 친정 부모의 횡포와 시부모의 말도 안 되는 요구를 애써 이해하려고 노력하는 대신 적당히 거절할 건 거절하고, 들어줄 건 들어주는 것이다. 그들에게 휘둘려 내 소중한 에너지를 다 써 버리는 대신 그것을 카페를 운영하고 내 삶을 살아가는 데 투자하는 것이다.

그래서 나는 남들에게 휘둘리지 않고 인생을 살아가려면 어떻게 해야 하느냐는 사람들에게 말한다. '통제 소재를 내 안으로 가져올 것.' 저 사람들이 원하는 것에 내가 맞춰 가는 것이 아니라 내가 해야 할 일이기 때문에 내가 그 일을 해 주는 것이라고 생각하라는 것이다. 그러면 하기 싫은 일을 할 때조차 시키니까 어쩔 수 없이 하는 게 아니라 '내가 하는 거다', '내가 빨리 해 주고 넘어가 버리는 거다'라고 생각하게 된다. 즉 내가 그 일의 주체가 되고 주인이 되는 것이다. 세상에는 하기 싫어도 해야만 하는 일이 참 많다. 회사에 갈 때 즐겁고 재미있으면 입장료를 낼 것이다. 그렇지만 우리는 입장료를 내는 대신 월급을 받는다. 그 대가로 하기 싫은 일을 해야만 할 때도 있다. 그런데 '가족들만 아니었어도 내가 이 회사에 다니지 않을 텐데'라고 생각하면 일의 주인이 되는 게 아니라 일에 질질 끌려다니는 피해자가 되고 만다. 하지만 '내가 해 주는 거다'라고 마음먹고 하기 싫은 일을 빨리 해치우면 나머지 시간에 내가 원하는 사람을 만날 수 있고, 원하는 여행을 갈 수 있고, 원하는 취미 생활을 할 수 있다.

인간관계도 마찬가지다. 꼴도 보기 싫은 사람이 있는데 내가 그에게 맞춰 줘야 하는 상황이 되면 누구나 스스로를 비굴하고 초라하게 느낀다. 그런데 그럴 때도 '그 사람이 원해서 웃는 게 아니라 내가 이 상황을 원만하게 넘기기 위해서 웃어 주자'라고 마음먹어 보라. 어떤 상황에서든 주체를 나 자신으로 가져오라는 말이다. 그래서 회식 자리에서 말도 안 되는 상사의 농담에 죽어도 웃어 주는 짓은 못 하겠다는 환자에게도 그렇게 말했다.

"까짓것 웃어 주면 어때요. 중요한 건 지금 당신이 인생을 놓고 봤을 때 결코 중요하지 않은 사람에게 너무 많은 에너지를 쓰고 있다는 거예요. 상사 때문에 화를 내고, 상사를 볼 때마다 불편해하고, 그에 맞춰 주는 사람들에게 분노하는 데 당신의 에너지를 다 써 버리기엔 인생이 너무 아깝지 않나요? 그게 정말로 당신이 원하는 삶은 아닐 것 같은데요."

물론 말도 안 되는 상사의 농담에 웃어 주는 게 쉽지 않은 일임은 충분히 이해한다. 비굴한 느낌을 쉽게 지울 수 없다는 것도 안다. 하지만 그렇다고 상사를 탓하고만 있으면 문제가 더 꼬일 뿐이다. 설령 그 사람 때문일지라도 문제의 원인을 확인하는 데 치중하지 말고 문제를 어떻게 풀어야 할지 생각해 보라. 그 어떤 억울한 일을 당했더라도 그것을 해결해야 할 사람은 바로 나다. 부모도 가족도 배우자도 해결해 주지 못한다. 그러므로 남 탓하기 전에 문제를 해결할 사람이 나밖에 없다는 사실부터 받아들일 필요가 있다. 그래야 남의 역사가 아닌 내 역사를 써 나갈 수 있고, 남의 인생이 아닌 내 인생을 살 수 있다. 하기 싫은 일과 하고 싶은 일, 꼴 보기 싫은 사람과 오래도록 같이 하고 싶은 사람 사이에서 생기는 수많은 일들을 주체적으로 해결하고 조율하며 살아가는 것, 그것이야말로 진짜 어른의 삶이 아닐까.

지금껏 살면서 가장 후회하는 일

오래전 일이다. 한 시골 할머니가 진료를 받으러 와서는 한참 동안 주위를 두리번거리더니 조심스럽게 나에게 물었다.

"근데 원장님은 안 계세요?"

아니, 내가 원장인데 왜 갑자기 그런 질문을 하는 걸까 싶었다. 알고 보니 내가 버젓이 흰 가운을 입고 있어도 할머니 눈에는 의사로 보이지 않았던 것이다. 할머니가 살아왔던 남존여비 세상에서는 여자가 의사를 한다는 게 말이 안 되는 일이었으니까. 물론 지금은 세상이 달라졌다. 의과대학에서 여학생이 차지하는 비율이 30퍼센트를 넘고, 그만큼 여의사도 많아졌다. 그럼에도 여자 후배들은 나를 찾아와 아이를 낳는 게 두렵다고 했다. 환자 보랴, 논문 쓰랴, 일도 산더미처럼 많은데 언제 아이를 낳고 키우느냐는 것이다. 아이를 잘 보살필 자신도 없는 데다가 그 때문에 어쩔 수 없이 일을 소홀히 하게 되어 승진에서 밀리고 도태될까 봐 두렵다고도 했다. 그 마음을 어찌 모르겠는가. 세상이 달라졌다고 해도 워킹맘의 길은 아직도 힘든 측면이 많이 있다. 후배에게 아이를 낳았으면 좋겠다고 선뜻 권하지 못하는 이유다.

나는 인턴 때 대학 동기와 결혼했는데 원치 않게 곧바로 임신을 하게 되었다. 다들 힘든데 임신했다는 이유로 일을 줄여 달라고 할 수 있는 처지가 아니었다. 그러던 어느 날 외과를 돌 때였다. 그날따라 중환자실에서 환자에게 심폐소생술을 해야 하는 상황이 잇달아 벌어졌다. 환자 세 명의 목숨이 왔다 갔다 하는 위급한 상황이다 보니 동료와 선배들이 이리 뛰고 저리 뛰는데 나라고 가만있을 수는 없었다. 급한 대로 앰부백(수동식 인공호흡기)을 잡고 또 일이 터지면 달려가서 심장마사지를 했다. 어느 순간 배가 뭉치는 걸 느꼈지만 아이가 무사하기만을 바라며 환자를 살리는 일에 매달렸다. 눈앞에서 환자가 죽어 가고 있는데 "나 임신 중이에요"라며 뒤로 빠질 수는 없지 않은가.

그런데 다행히 환자들이 고비를 넘긴 그날 밤 나는 하혈을 했고 끝내 유산을 하고 말았다. 처음이었더랬다. 의사가 된 게 너무 후회되었다. 무리하게 심폐소생술만 안 했어도 아이를 잃지 않았을 텐데 배 속의 아이를 보호하지 못했다는 죄책감에 한참을 울었다. 그 후로도 얼마 동안은 아이를 잃은 충격에서 벗어나지 못하고 내내 힘들어했다.

그러나 정말 시간이 약인가 보다. 어느덧 나는 두 아이를 낳았고 아이들을 키우며 의사 생활을 계속했다. 병원 일 하랴, 집안일 하랴, 두 아이 키우랴, 시부모 봉양하랴 하루가 어떻게 가는지 모르는 날들의 연속이었다. 하지만 남편과 가족들 모두 도와주지 않는데 네 가지 역할을 다 하려고 하니 그 어느 것 하나 제대로 하는 게 없을 수밖에 없었다. 그래도 딴에는 최선을 다하는 건데 병원에서도 집에서도 그걸 알아주는 사람은 아무도 없었다. 게다가 엄마로서 아이들을 제대로 돌보지 못하고 있다는 죄책감과 미안함에 감히 힘들다고 말하지도 못했다. 그러는 사이 아이를 키우는 것도, 병원 일을 하는 것도, 집안일을 하는 것도 모두 다 숙제처럼 하기 싫지만 해야만 하는 일들이 되어 버렸다.

아침에 일어나면 오늘 하루를 또 어떻게 버텨야 하나, 한숨이 먼저 나왔다. 어느 순간 나는 웃음을 잃어버렸다. '왜 나 혼자 이 모든 것을 감당해야 하나'라는 피해의식에 사로잡혀 남편과 가족들을 원망하고 불공평한 세상을 원망했다.

돌이켜 보면 그때 그렇게라도 버티지 않았더라면 지금의 내가 없을지도 모른다. 하지만 그럼에도 의무감과 책임감만으로 하기 싫은 숙제를 하듯 살았던 그때를 생각하면 가슴이 아프다. 내가 지금껏 살면서 가장 후회하는 것, 그것은 바로 그때 삶을 즐기지 못했다는 것이다. 아이를 키우는 기쁨을 즐기기는커녕 행여 아이에게 부족하고 좋은 엄마가 안 될까 봐 스스로를 닦달하면서 살았고, 일의 기쁨과 행복을 느끼기보다 행여 뒤처질세라 쫓기

듯이 일을 하고 공부를 했다. 삶을 즐기려고 마음먹었다면 시간을 분배하고 내가 할 수 있는 일과 할 수 없는 일을 구분해 가족에게 도움을 청했을 텐데 나는 그러지 못했다. 삶을 즐기려고 마음먹었다면 집에 가자마자 저녁 준비한다고 서두르기 전에 아이와 눈 한 번 더 마주치며 안아 주었을 텐데 나는 그러지 못했다. 삶을 즐기려고 마음먹었다면 출근하며 하늘 한 번 쳐다볼 여유를 가지고 환자들을 기쁘게 맞이할 수 있었을 텐데 나는 그러지 못했다.

더 기가 막힌 것은 누군가 나에게 삶의 즐거움을 포기한 대가로 얻은 것이 무엇이냐고 물으면 할 말이 없다는 것이다. 그 시절에 가졌던 죄책감과 피해의식은 나의 기쁨을 앗아 가고 나를 피곤하게 만들었으며, 나를 분노하게 만들었을 뿐이다. 죄책감과 피해의식에 시달릴 시간에 삶을 즐길 아이디어를 내서 그걸 실천에 옮겼더라면 이렇게까지 후회하지는 않았을 것이다.

아이를 하루 못 씻기고 재웠다고 해서 큰일 나지 않는다. 일이 많으면 하루쯤 시부모 저녁상을 못 차릴 수도 있는 법이다. 남편에게 아이를 봐 달라고 당당하게 요구해도 된다. 그렇게 해서 얻은 시간에 친구들을 만나 밀린 수다를 떨어도 좋을 일이다. 보고 싶은 영화를 보고, 듣고 싶은 음악을 들을 시간이 정말 없을까? 마음만 먹으면 끝없이 만들 수 있는 것이 삶의 즐거움이다. 그냥 아무것도 하기 싫으면 아무것도 하지 않으면 될 일이다.

내가 아는 한 워킹맘은 너무 지치고 힘든 날에는 주차장에 차를 대고 한 시간쯤 좋아하는 음악을 들으며 가만히 있곤 했다. 가족들에게는 차가 밀려 귀가가 좀 늦어질 것 같다는 거짓말을 하고선 말이다. 나는 그녀에게 잘하고 있다고 말해 주었다. 삶을 즐기는 것은 '~해야 한다'는 말을 줄이고, '~하고 싶다'는 말을 늘려 나가는 것이 그 시작이다. 천재는 노력하는 자를 못 당하고, 노력하는 자는 즐기는 자를 이기지 못한다. 그리고 의무감과 책임감만으로 살아가기엔 인생이 너무 아깝지 않은가.

　다시 그 시절로 돌아갈 수 있다면, 나는 눈앞의 놓인 과제들에 내 인생을 다 내어 주기보다는 좀 더 멀리 보며, 나를 더 아껴 주고, 틈틈이 나에게 즐거운 음악을 들려주고, 달콤한 휴식을 허락할 것이다.

해봤자 안 될 게 뻔하다는
말부터 멈출 것

옛날 시골 마을에서는 어느 집 자식이 명문대를 들어가거나 사법고시에 붙으면 동네 어귀에 큰 플래카드가 걸리고 잔치가 벌어졌다. '개천에서 용 났다'며 모두들 축하해 주는 자리를 마련한 것이다. 하지만 지금은 개천에서 용이 나지 않는다. 요즘은 명문대에 들어가는 조건이 할아버지의 경제력, 아빠의 무관심, 엄마의 정보력이란다. 아빠만 벌어서는 사교육비 감당이 안 되니원래 부자인 할아버지가 필요하고, 엄마는 입시 정보의 달인이되어야 한다는 말이다. 웬만한 경제력 가지고는 명문대에 들어갈 수 없고 더 나아가 사회적으로 성공하기도 힘들다는 소리다.

빈익빈 부익부 현상은 더욱 심해져 아무리 노력해도 빈부 격차를 좁히기 힘들고, 어떤 집에서 태어났느냐에 따라 이미 그 사람의 미래가 결정되었다고 느낄 때 살날이 창창한 청년들은 절망할 수밖에 없다. 아니 어떠한 노력도 쓸모없다는 생각이 든다. 사람들이 "아이고 의미 없다"라는 자조적인 말을 하는 것도 이와 무관하지 않다. 이렇듯 현재 우리 사회를 지배하는 주된 정서는 집단적인 무력감이다.

심리학에서 '무기력'이란 에너지가 바닥나 아무것도 하지 못하는 상태를 말하며, 자신에게 무슨 일이 일어나든 스스로의 힘으로 처지를 바꿀 수 없다고 생각하는 것을 의미한다. 그런데 무력감은 생각보다 더 사람을 힘들게 한다. 성폭행을 당하거나 천재지변을 당한 이들을 가장 고통스럽게 하는 것은 그런 수치스럽고 무서운 상황에서 자신이 할 수 있는 것이라곤 아무것도 없었다는 사실, 즉 무력감이었다고 한다.

사업에 실패한 뒤 무기력의 늪에 빠져 이번 생은 망했다고, 자기는 그냥 실패자일 뿐이라고 한탄하는 40대 남자가 있었다. 그는 내가 무슨 말을 해도 들으려 하지 않았다. 오히려 나를 쩨려 보며 '네가 무슨 말을 하나 보자!' 하는 식의 태도로 일관했다. 그는 죽어라 일했는데 그 결과가 참담한 것에 많이 화가 나 있었다. 그리고 결과를 돌이킬 수 없다는 사실에 절망하며 스스로를 포기해 버린 상태였다. 그렇게 상담이 계속 제자리를 맴돌던 어느 날 나는 그에게 물었다.

"만약 아들이 당신처럼 자라서 지금 당신의 위치에 서 있다면 뭐라고 말해 주고 싶으세요?"

입을 꾹 다물고 있던 그가 오랜만에 입을 열었다.

"칭찬해 주고 싶습니다, 열심히 살았다고."

"아들한테는 그렇게 말해 줄 거라면서 왜 정작 당신 자신에게는 가혹한가요? 당신이야말로 지금껏 열심히 살아왔잖아요. 잘해 오다가 잠시 일이 안 풀려서 어려운 것뿐인데…."

나는 그에게 열심히 살아온 자신을 칭찬해 주라고 했다. 그리고 심신이 많이 지쳐 있는 상태이니 그냥 좀 쉬어 보라고 권유했다. 그동안 쉬지 않고 너무 많이 일해서 에너지가 바닥났는데, 그런 상태에서는 아무것도 시작할 수 없으니까 우선 쉬면서 에너지를 재충전하라고 권한 것이다. 자신에게 너무 엄격해서 스스로에게 잘했다는 칭찬 한마디 없이 살아온 그는 그 뒤 충분히 쉬면서 자신을 독려했다. 그리고 더 이상 스스로를 '실패자'라고 명명하지 않았으며 몇 달 뒤에는 어떤 일을 하면 좋을지 고민 중이라고 했다. 상황은 바뀐 게 없지만 그는 마음가짐을 바꿈으로써 무기력증에서 탈출할 수 있었고 또 다른 인생을 꿈꾸기 시작했다. 내가 무엇보다 기뻤던 건 그가 "해 봤자 안 될 게 뻔하다"라는 말을 멈춘 것이다.

무기력한 사람들은 아무것도 안 하면서 외부 상황이 바뀌기만을 바란다. 상황이 확 변해서 무언가 할 수 있게 되기를 바라는 것이다. 하지만 아무도 상황을 바꿔 주지 않는다. 그렇다고 내가 뭔가를 바꿀 수 있을까? 계란으로 바위를 치는 것처럼 헛수고하는 건 아닐까? 맞다. 변하는 게 없을 수도 있다. 그런데 분명한 것은 한 발짝이라도 움직이면 적어도 지금 무기력하게 서 있는 그곳은 탈출할 수 있고, 가능성이 보이는 또 다른 곳에 닿게 된다는 것이다.

그리고 어차피 사람은 살아가게 되어 있다. 언니가 죽고 나서 나는 살면서 다시는 웃을 일이 없을 거라고 생각했지만 몇 년이 지나고 웃음을 되찾았다. 그렇다면 우리에게 남은 것은 어떻게 살 것인가에 대한 답이다. 유대인으로 아우슈비츠 수용소에서 살아남은 정신 의학자 빅터 프랭클은 가진 것을 모두 빼앗기고 최악의 상황에 놓인다 해도 우리에게는 절대 빼앗길 수 없는 한 가지가 있다고 했다. 그것은 그 상황을 어떻게 받아들일까에 대한 우리 자신의 선택권이다. 즉 아무것도 할 수 없는 상황이라고 해도 우리에게는 선택권이 있다. 무기력하게 누워서 천장만 보고 살 건지, 일단 밖에 나가 할 일을 찾아볼 건지 선택할 권리가 있다는 말이다.

막상 밖에 나가 보면 할 수 있는 일은 우리의 생각보다 많다. 설령 가진 게 아무것도 없다 해도 아이가 넘어져 있으면 아이를 일으켜 세울 수 있고, 길을 헤매는 사람이 있으면 길을 가르쳐 줄 수도 있다. 길거리에 아무렇게나 버려져 있는 쓰레기나 담배 꽁초를 줍는 것도 가능하다. 그렇게 할 수 있는 일을 하나씩 발견하다 보면 다른 건 몰라도 무기력의 늪에서는 빠져나오게 된다.

인생은 우리의 뜻대로 흘러가기도 하지만 때론 우리가 원하지 않는 방향으로 흘러가기도 한다. 그 사실은 우리를 슬프게 하지만 그렇다고 우리가 할 수 있는 일이 없는 것은 아니다. 다시 인생의 키를 잡고 전진하다 보면 작은 결실이라도 반드시 맺는 때가 온다. 비록 그것이 내가 애초에 바라던 것은 아니었을지라도 말이다. 나쁜 일이 꼭 나쁜 일이라는 법도 없다. 나쁜 일이 나중에 보면 더 좋은 결과를 만들어 낼 때도 종종 있다. 그러니 노력의 결과가 당장 보이지 않는다고 실망하거나 슬퍼하지 않았으면 좋겠다.

무엇을 하든 시간은 흘러간다. 무기력의 구덩이에 빠져 '어차피 미래가 안 보이는데 뭐', '해 봤자 안 될 게 뻔해'라며 자포자기하든, 다시금 무엇을 시도하든 인생은 흘러간다. 그렇게 누구에게나 똑같이 시간이 가는 것 같지만 어떤 마음가짐이냐에 따라 10년 뒤 인생이 크게 달라진다.

이제야 하는 말이지만 나는 자신을 실패자라고 말하는 그가 말은 그렇게 해도 무기력증에서 벗어날 것이라고 확신했었다. 그가 제 발로 상담을 받으러 왔다는 것 자체가 아직 자기 인생을 포기하지 않았다는 증거니까 말이다.

CHAPTER 2

환자들에게 미처 하지 못한,
꼭 해 주고 싶은 이야기

어른으로 산다는 것에 대하여

일곱 살 난 꼬마는 빨리 자라서 어른이 되고 싶었지만 어떻게 해야 되는지 몰랐습니다. 꼬마는 엄마의 하이힐을 신어 보았지만 뒤뚱거리다 그만 층계에서 넘어지고 말았습니다. 꼬마는 많이 먹으면 빨리 자랄 거라고 생각했습니다. 그러나 잔뜩 먹었더니 배만 아팠습니다. 꼬마는 엄마의 화장품을 얼굴에 바르고 액세서리로 치장도 해 봤습니다. 그래도 엄마같이 되지는 않았습니다.

어느 날 할머니를 만나 물어보았습니다.

"어떻게 해야 어른이 되나요?"

"기다려 봤니?"

"아니요."

꼬마는 기다리고, 기다리고, 또 기다렸습니다. 그리고 드디어 어른이 되었습니다. 그러나 어른이 된 뒤 꼬마는 다시 어린아이로 되돌아가고 싶었습니다. 왜냐하면 어릴 적에는 신나고 재미있는 일들이 훨씬 더 많았으니까요.

아이들은 빨리 자라 어른이 되고 싶어 한다. 그래서 어른처럼 입고, 어른처럼 행동하며, 빨리 어른이 되고 싶어 한다. 그러나 어른처럼 옷 입거나 치장하고, 어른들의 행동을 아무리 흉내 내도 아이는 아이일 뿐이다. 어른이 되기 위해서는 기다려야 한다. 그 기다림의 시간 동안 많은 일을 만나고 더 넓은 세상과 부딪히게 된다. 그 속에서 좌절과 실망을 경험하고, 세상은 그리 만만하지 않으며, 어른들이 그다지 힘이 센 것도 뭐든지 할 수 있는 사람도 아니라는 사실을 깨닫게 된다.

살아오면서 어른이 되었구나, 느꼈던 순간은 언제였을까? 주민등록증을 처음 손에 쥐었을 때, 꼬박꼬박 받던 용돈이나 세뱃돈이 뚝 끊겼을 때, 더 이상 학생이라는 말을 듣지 못할 때, 공중목욕탕에서 욕조 안의 물이 시원하게 느껴질 때, 세상은 내 맘대로 되지 않는다는 걸 알았을 때, 어릴 적 꿈이 가물가물해질 때….

어른이 된다는 것은 스스로 선택하고 결정하고 책임져야 하는 무거운 현실의 짐들을 등에 짊어지는 것이다. 그리고 주어진 현실 안에서 자신이 원하는 것을 얻을 수 있는 지혜와 기술을 익히는 것이다.

어릴 때는 되고 싶은 것들이 참 많다. 크게 성공해서 사람들이 우러러보는 화려한 모습을 상상하기도 하고, 때론 모든 것을 희생하며 헌신하는 테레사 수녀 같은 성자의 모습을 상상하기도 한다. 비록 모든 것이 불확실하고 불안하지만 그럼에도 가능성이 끝없이 펼쳐져 있다는 생각이 들기 때문이다. 그러나 어른이 된 실제 모습은 꿈꾸던 것과는 차이가 많다. 어른이 된다는 것은 그 꿈과 현실 사이의 차이를 인정하고 고통을 이겨 내는 것이다.

그렇다고 어른이 된다는 것이 아이 때의 달콤했던 모든 것이 사라져 버린다는 뜻은 아니다. 아무리 어른으로서의 지혜와 힘을 가져도, 또 어른으로서 받아들여야 할 현실이 있다 해도, 진정으로 '건강한 어른'은 가끔 어린아이로 되돌아 갈 수 있어야 한다.

건강한 어른은 떠날 수도 있고 혼자 남겨질 수도 있어야 한다. 또한 관계의 소중함을 깨닫고 다른 사람들과 다양한 관계를 맺으며 사랑도 하고 다른 사람에게 기댈 수 있어야 한다.

건강한 어른은 자신이 사랑스럽고 가치 있으며 성실하다고 느낀다. 그리고 자신은 세상에 하나뿐인 존재이며 어떤 상황에 있든 늘 흔들리지 않을 자아 정체성이 있음을 믿는다. 그리고 자신을 무기력하고 나약한 사람이 아닌 자기 인생을 결정짓고 책임질 줄 아는 씩씩하고 능동적인 사람이라고 생각한다.

건강한 어른은 인생을 단순하게 봤던 어린 시절에서 벗어나

다양한 경험을 거치면서 여러 각도에서 인생을 폭넓게 바라본다. 또한 자신의 의견과 반대되는 것도 중요한 진실이라는 것을 깨닫는다.

건강한 어른은 양심과 죄책감을 느끼고, 후회하는 능력과 자신을 용서할 수 있는 능력을 갖고 있다. 그리고 즐거움을 추구하고 즐길 수 있으며, 고통에 맞서 싸워 나가기도 한다. 원하는 것을 어떻게 얻을 수 있는지 배우며, 이룰 수 없는 것은 과감히 포기할 줄도 안다.

건강한 어른은 잃는 것이 있으면 얻는 것 또한 있다는 사실을 안다. 잃어버림으로써 얻을 수 있고, 좌절 속에서 희망을 찾아내며, 불완전함 속에서 감사와 용서를 배운다.

건강한 어른은 인생이란 완벽하지 않으며, 사람은 혼자가 아니라 여럿이 더불어 살아가야 한다는 사실을 받아들인다. 내가 잘났다고 혼자 살 수 있는 세상이 아니라, 다양한 사람들과의 관계 안에서 서로 부딪히며 때론 승자가 되고 때론 패자가 될 수밖에 없는 복잡한 현실을 인정한다. 그리고 그 안에서 자신의 욕심을 적절히 조절하며 행복을 찾고 자신이 꿈꾸던 세상을 이루려고 노력한다.

어른이 된다는 것은 결국, 세상은 내가 바라는 대로 움직인다는 어린 시절의 전지전능함을 포기해 가는 과정이다. 그리고 무엇이든 가능할 것만 같았던 어린 시절의 꿈을 떠나보내는 과정이다. 또 어떤 잘못도 용서받고 어떤 나쁜 일이 일어나도 누군가 해결해 줄 것이라는 어릴 적의 기대를 포기하는 과정이다.

무엇이든 원하는 대로 이루어지는 세상, 어떠한 위험도 없이 안전하게 보호받는 세상, 어린아이의 순진무구함 그대로 즐겁게 지낼 수 있는 세상은 무조건 나를 사랑해 주고 받아 주는 다른 사람들을 필요로 한다. 그런데 우리 삶에서 그런 세상이 허락된 건 아주 잠깐뿐이었다. 바로 아기였을 때다. 그 시절 엄마는 내가 필요로 할 때 늘 내 곁에 있으면서 무한한 사랑을 베풀어 주었다. 그리고 그때는 내가 웃기만 해도 사람들이 행복해했고, 내가 물을 엎질러도 그건 나를 위험한 상황에 있게 한 어른들의 책임이었다.

그 시절의 행복이 너무 커서일까? 사람들은 나이가 적든 많든 마음속으로 그 시절의 행복이 다시 돌아오기를 꿈꾼다. 어른으로 살면서 어린 시절을 그리워하는 이유다. 하지만 더 이상 그런 시간은 돌아오지 않는다. 그러나 어른이 되어 살다 보면 알게 된다. 내가 바라는 대로 되지 않는 세상에 적응하고 꿈과 현실 사이의 균형을 잡아 가는 과정을 겪는 것이 그렇게 슬픈 것만은 아니라는 사실을, 오히려 수많은 한계 속에서 선택하고 만들어 가는 내 인생이 얼마나 소중한가를 말이다.

환자들이 내게 가장 많이 한 말

언젠가 어느 기자가 나에게 물었다.

"환자들이 선생님께 가장 많이 하는 말이 뭔가요?"

"울음요."

"네?"

지금은 정신과가 정신건강의학과로 바뀌었고 조금씩 사람들의 인식도 달라지고는 있지만 그럼에도 정신과를 찾는 사람을 이상하게 보는 시선은 여전히 남아 있다. 그래서 환자들은 나를 찾아오기까지 굉장히 많은 시간을 홀로 고통스럽게 보낸다. 그래서일까. 그들은 진료실에 들어와 내 앞에 앉으면 울음부터 터트리는 경우가 많았다. 그동안 너무 하고 싶었지만 그 누구한테도 털어놓지 못한 이야기를 하려니 그것이 먼저 울음으로 터져 나오는 것이었다. 한 환자는 말없이 한 시간 넘게 운 적도 있었다. 뭐가 그리 힘들었던 걸까. 그럴 때 내가 할 수 있는 일이라곤 그가 실컷 울어서 더 이상 눈물이 나오지 않을 때까지 기다려 주는 것밖에 없었다.

가끔 울음이 그치기를 기다리면서 그런 생각을 하곤 했다. 왜 우리는 울면 안 된다고 생각하는 걸까. 우리는 슬픈 드라마나 영화를 보다가 눈물이 나면 창피해서 남이 볼세라 얼른 눈물을 닦는다. 운다는 것은 감정에 굴복하는 것이고, 상대에게 나의 약한 면을 노출시키는 것이라 생각하기 때문이다. 그래서 이를 앙다물고 있는 힘껏 울음을 참는다.

하지만 울고 싶을 때는 울어야 한다. 왜냐하면 울음은 우리 마음속에 있는 분노와 공격성을 씻어 내는 배출구의 역할을 하기 때문이다. 공격성이나 공포 혹은 슬픔이 눈물이라는 맑은 분비물을 통해 방출되는 것이다. 그래서 울고 나면 마음이 정화되는 것을 느끼게 된다. 좌절이나 슬픔을 경험할 때 해결되지 않은 공격성이 울음이라는 통로를 통해 빠져 나가게 놔두는 것은 그래서 중요하다.

어쩌면 울음은 한없는 어둠으로 우리를 잡아 끌어내리는 슬픔으로부터 벗어나기 위한 하나의 굿판일지도 모른다. 가슴속 깊숙이 응어리진 것을 토하듯이 내뱉고, 눈물로 그 슬픔을 씻어 내리는 작업…. 그래서 한 판의 굿이 끝나듯 서서히 울음이 멈추면 가슴속에서 들끓던 슬픔은 거품을 걷어 내고 맑은 물이 되어 제

물줄기를 따라 흘러간다.

그러므로 사실 울고 싶을 때 울 수 있다는 건 커다란 축복이다. 하지만 그보다 더 커다란 축복은 나의 울음을 지켜봐 줄 누군가가 내 옆에 있는 것이다. 가슴이 꽉 막힌 것 같을 때, 이보다 더 초라할 수가 없을 때, 앞날에 아무런 희망이 없고 모든 것이 끝난 것만 같을 때, 갑자기 이 세상에 나 혼자 외톨이로 버려진 것만 같을 때, 나를 이해해 주는 사람의 손을 잡고 실컷 울고 나면 해결된 것은 아무것도 없을지라도 우리는 가슴이 시원해짐을 느낀다. 그리고 다시 한번 털고 일어날 수 있을 것 같은 힘을 얻는다. 나와 같이 울어 줄 수 있는 사람이 있다는 것은 결코 내가 혼자가 아니라는 것을 의미하며, 그 힘으로 우린 다시 일어서게 되는 것이다.

그러므로 어쩌면 울지 못하는 사람이야말로 사실은 약한 사람일지도 모른다. 그들은 자신의 약한 모습이 드러날까 봐 감추려 한다. 자신의 약한 모습을 감쌀 강한 면이 부족하기 때문이다. 반면 진정으로 강한 사람은 자신의 약한 모습을 감추지 않는다. 설령 약한 모습이 드러난다 할지라도 충분히 그것을 감당할 힘이 있기 때문이다. 그래서 그들은 남 앞에서 눈물을 보이는 것을 별로 두려워하지 않는다.

물론 상처 입고 두려움에 떠는 연약한 자신을 바라보는 일은 매우 고통스러운 일이다. 그러나 눈물 가득 연민을 느끼며 자신을 바라본 후에야 우리는 그러한 자신을 따뜻하게 보듬어 줄 수 있게 된다. 그리고 그 약한 아이가 더 이상 도망가거나 숨지 않고 행복을 찾아갈 수 있는 힘을 얻게 된다. 그러므로 울고 싶을 때는 울어 버려라.

과거가 현재를 지배하도록 놔두지 말 것

'왜 그렇게 바보같이 굴었을까.'

지나온 세월을 돌이켜 보면 후회되는 일이 한둘이 아니다. 그럴 때면 속상하기도 하고 내 자신이 밉기도 하다. 그런데 후회는 고통스럽지만 달콤하다. '그때 그런 잘못을 안 했더라면…'이란 가정법은 잘못된 과거를 되돌릴 수 있을지도 모른다는 헛된 상상 속으로 우리를 유혹하기 때문이다.

'그때 그 일만 아니었어도 나는 지금 더 잘 돼 있을 거야.'

후회 속에는 이런 마음이 숨어 있다. 우리는 과거의 사소한 실수만 아니었어도 크게 바뀌어 있을 현재를 상상함으로써 손상된 자존감을 회복하고자 한다. 그런데 이 경우 현재와 미래보다 과거가 더 중요해진다. 그러므로 후회 속에 사는 사람들은 이미 지나가 버린 과거를 고치려고 현재와 미래를 담보로 내놓고 있는 것과 같다.

잘못된 과거를 되돌리고 싶다는 생각에 빠져 지금을 살지 못하는 사람들. 정신분석 치료를 받는 사람들의 대부분이 여기에 속한다. 이런 환자들을 치료하다 보면 그들이 커다란 우주복을 입고 산다는 느낌을 받는다. 우주복 안은 과거의 고통스러운 기억으로 가득 차 있다. 그런데도 환자들은 감히 우주복을 벗을 엄두를 내지 못하고, 그저 불안과 두려움에 떨며 과거에 얽매여 있다. 우주복을 벗으면 세상의 맑은 공기와 따뜻한 햇볕과 새로운 사람들을 만날 수 있을 텐데 차마 그럴 용기를 내지 못하는 것이다.

폭력적인 아버지 밑에서 몸이 성할 날이 없었던 한 환자가 있었다. 그런데 그녀는 폭력적인 남자를 만나 결혼했다. 알코올중독자인 아버지를 둔 여자가 알코올중독자인 남자를 만나는 경우도 있었다. 이들은 '과거'라는 우주복을 입고 살아가는 사람들이다. 이렇게 도돌이표처럼 끔찍한 일이 반복되는 이유는 사실 내면의 상처 입은 어린아이가 성장하고자 몸부림치고 있기 때문이다.

아무 힘이 없을 때 너무나 고통스럽고 충격적인 사건을 겪은 아이는 깊은 상처를 안고 마음속 깊숙이 숨어 버린다. 그리고 불안과 두려움에 떨며 성장하기를 멈춰 버린다. 그렇지만 그 아이도 어떻게든 고통에서 벗어나고 싶어 한다. 그래서 과거와 똑같은 상황을 재현함으로써 그것을 없었던 일로 만들거나 극복하려고 애쓴다. 그러나 결과적으로는 과거에서 헤어 나오지 못하고 그저 고통만을 반복하게 될 뿐이다.

그처럼 과거에 묶여 꼼짝도 못 하는 사람들이 스스로 문제가 있음을 깨닫고 문제를 해결해 나갈 수 있도록 돕는 것이 바로 정신분석이다. 환자들로 하여금 자신의 문제를 직면하고, 그것을 이해하고 풀 수 있도록 해석해 주고, 기다려 주는 것이다. 그런데 가끔 사람들은 나에게 그런 질문을 던진다.

"그래서요? 과거를 알면 어떻게 되는데요? 안다고 뭐가 달라지나요? 고통스러운 과거가 갑자기 없어지기라도 하나요?"

그들의 말이 맞다. 사람들 앞에만 가면 불안하고 도망치고 싶어지는 마음이 어릴 적 무서운 아버지가 조그만 실수에도 심하게 야단치고 벌을 주던 기억과 관련이 있는 것을 알았다고 해서 그게 무슨 소용이 있겠는가. 그렇다고 무섭고 엄한 아버지가 갑자기 따뜻한 아버지가 되는 것도 아닌데 말이다. 항상 다른 사람들의 눈치를 보고 그들의 요구를 잘 거절하지 못하는 것이 어릴 적 외갓집에 보내졌던 기억과 관련이 있다는 걸 알았다고 해도 그게 이제 와서 무슨 소용이 있겠는가.

단지 알았다고 해서 달라지는 것은 없다. 이처럼 이론적으로 현재 자신이 겪는 불안과 두려움이 과거로부터 비롯된 것임을 알게 되는 것을 '지식적 통찰'이라고 한다. 그런데 지식적 통찰은 큰 변화를 이끌어 내지 못한다. 중요한 것은 '감정적 통찰'이다. 그것은 문제의 원인에 대해 '아, 그렇구나' 하고 가슴 깊이 느끼며, 그동안의 슬픔과 두려움이 쏟아져 나오는 순간을 말한다. 그리고 이 감정적 통찰이 우리를 변화시킨다.

하지만 한 번의 통찰로는 불충분하다. 사람은 변화하지 않으려는 속성을 가지고 있고, 과거를 반복하려는 속성도 지니고 있기 때문에 통찰을 생활에 적용하기까지는 꽤 오랜 시간과 노력이 필요하다. 한 걸음 전진하면 한 걸음 후퇴하고, 또 한 걸음 전진하면 다시 한 걸음 후퇴하며, 전진과 후퇴를 반복하는 것이다. 그렇다면 영원히 과거에서 벗어나지 못하는 것일까? 아무리 노력해 봤자 안 되는 것일까? 그럴 때 나는 말한다.

"시작이 반입니다."

일단 문제의 원인을 어렴풋하게나마 알게 되면 그 문제로부터 '거리 두기'가 가능해진다. 거절하지 못하는 이유가 거절당하는 것에 대한 두려움 때문인 것을 알고 나면 적어도 현재와 과거를 분리할 수 있게 된다. 그래서 다시 똑같은 상황에 놓였을 때 멈칫하게 된다.

'아, 내가 똑같은 행동을 반복하고 있구나.'

그러면 스스로 선택권을 쥐게 된다. 과거 속에서 살 것인가, 아니면 현재를 있는 그대로 직시할 것인가. 이때 현재의 고통이 과거에서 유래됐음을 아는 것만으로는 충분하지 않다. 마음속에서 어떤 일이 일어나고 있기에 지금과 같은 행동을 반복하게 되는지 자세히 알 필요가 있다. 과거의 일이 지금의 심리 구조에 어떤 영향을 끼쳤는지 그 메커니즘을 이해해야 하는 것이다.

사람들 앞에 나서기를 두려워하는 환자의 경우, 어릴 때 외갓집에서 겪은 일들이 분노를 일으켰고, 분노에 대한 죄책감 때문에 초자아가 지나칠 정도로 엄격하게 발달했으며, 그래서 조그만 잘못도 심한 잘못처럼 느낀다는 사실을 이해해야 한다. 또 자기 안에 존재하는 강한 분노 때문에 스스로를 나쁜 아이로 여기고, 그것이 알려져 언제고 사람들로부터 버려지게 될까 봐 불안해서 사람들과 가까워지지 못하고 있었음을 이해해야 한다. 그래야 자신이 그렇게 나쁜 아이가 아니었음을 알게 되고, 초자아가 좀 더 부드러워지면서 죄책감이 줄어들고, 사람들과도 친밀한 관계를 맺을 수 있게 될 것이다.

이 과정은 물론 어렵다. 그게 쉽다면 왜 정신분석 치료가 수년씩 걸리겠는가. 그러나 만일 사랑하는 사람이 괴로움 속에서 자꾸 똑같은 행동을 반복한다면 당신은 어떻게 하겠는가. 아마도 꼭 안아 주며 그것은 모두 지난 일이라고 알려 주고 다른 곳으로 데려갈 것이다. 마찬가지로 당신 안의 상처받은 어린아이에게도 그렇게 해 주어야 한다.

이제 당신은 무력한 어린애가 아니다. 당신은 어떤 문제에도 충분히 대응할 수 있고 행복을 설계할 수 있는 어른이다. 만일 마음속 상처받은 어린아이가 당신을 짓누르고 있다면, 그래서 알 수 없는 불안과 공포 때문에 현재 어떤 문제를 반복하고 있다면, 과거에서 벗어나기 위해 노력할 필요가 있다. 과거의 어떤 경험이 당신을 힘들게 하고 있는지 정확히 이해하고 그것으로부터 자유로워지기 위해 애써야 하는 것이다.

　더 이상 과거가 당신의 현재를 지배하도록 내버려 두지 않았으면 좋겠다. 현재를 덮고 있는 과거의 무거운 이불을 걷어 내고 밖으로 나와서 맑은 공기를 마시고 푸른 하늘을 보는 것이다. 과거가 고통스러웠다고 해서 현재까지 고통스러워야 한다는 법은 없다. 과거가 고통스러웠다면 그것을 잘 지나 온 당신은 그것만으로도 행복해질 권리가 있다. 분명 당신은 행복해질 것이다. 과거의 슬픔을 인정하고 슬픔을 이겨 낸 자신을 대견하게 바라볼 수 있다면, 행복해질 자격이 있다고 스스로 믿는다면, 새로운 방식으로 사는 모험을 두려워하지 않는다면….

사랑하는 사람을 함부로 치유하려 들지 말 것

재투성이 소녀를 더러운 부엌에서 구해 내어 예쁜 공주로 탈바꿈시키는 멋진 왕자가 되고 싶은 환상. 괴물로 변한 왕자를 지고지순한 사랑을 통해 원래의 모습으로 되돌려 놓는 착하고 예쁜 여자가 되고픈 환상. 이것은 누구나 한 번쯤 꾸는 꿈이다. 심리학에서는 이를 '구원 환상'이라 부른다.

구원 환상은 누군가 자신을 고통스러운 현실에서 구원해 주기를 바라는 소망과 밀접한 관계가 있다. 즉 구원 받고 싶은 욕망을 다른 사람을 구원함으로써 충족시키는 것이다. 구원 환상은 특히 사랑하는 사이에서 나타날 확률이 높다. 사랑하는 이에게 중요한 사람이 되고 싶고 그에게 감사와 인정을 받고 싶은 마음이 간절하다 보니 구원 환상까지 갖게 되는 것이다.

그러나 사랑하는 사람을 구원하려 하거나 치유하려 들면 안 된다. 그러는 순간 그 관계는 깨어지게 되어 있기 때문이다. 만일 사랑하는 사람이 오래된 과거의 고통에서 벗어나기를 바란다면 그에게 상담을 받아 보라고 권하는 게 옳다. 그런 다음 그가 스스로 문제를 해결할 때까지 기다려 줘야 한다. 그를 있는 그대로 사랑하면서 말이다.

만일 당신이 상대를 치유하려 들면 어느새 당신은 상대를 지배하려 할 것이고, 상대는 자신을 통제하려는 당신에게 엄청난 분노를 쏟아 낼 것이다. 서로의 감정이 통제되지 않은 채 복잡하게 얽히면 문제는 도저히 해결할 수 없는 지경에 이르고 만다. 서로 상처투성이가 된 채 파국으로 치닫게 되는 것이다.

사랑은 분명 과거의 상처를 치유하는 힘을 가지고 있다. 진정한 사랑은 우리를 훨씬 괜찮은 사람으로 만들어 준다. 감추고만 싶었던 나의 약점과 단점을 알고도 누군가 나를 진심으로 좋아해 주고 받아들여 주면 '내가 정말 괜찮은 사람이구나' 하는 긍정적인 확신을 갖게 된다. 그래서 사랑에 빠진 사람들은 자신감이 넘치고 무엇이든 시도해 보려고 한다. 지금까지 자신을 둘러싸고 있던 심리적 장벽을 깨부수고 새로운 세계와 조우하며 자아를 확장해 나간다. 사랑 안에서 과거의 상처를 극복하고 그로부터 자유로워지는 것이다. 그래서 정신분석가들은 "좋은 치료자 백 명보다 사랑하는 사람을 만나는 게 더 낫다"는 말을 하기도 한다.

하지만 그것은 당신이 쏟는 사랑 자체에서 나오는 것이지, 당신이 상대를 치유할 수 있는 것은 아니다. 당신이 사랑하는 사람에게 해 줄 수 있는 것은 그저 사랑하는 일, 그리고 기다려 주는 일뿐이다.

직장 선후배를 굳이
좋아하려 애쓰지 말 것

언젠가 딸이 내게 물었다.

"엄마, 회사에 너무 싫은 사람이 생기면 어떡해야 돼?"

나는 혹시나 딸이 회사에서 인간관계 때문에 스트레스를 받고 있는 것은 아닌지 걱정이 되었는데 슬쩍 물어보니 친구 얘기라고 했다. 친구가 성격이 맞지 않는 팀장 때문에 매일 출근하는 게 고역이라고 말했다는 것이다.

조용하고 차분한 친구와 달리 팀장은 말투도 직설적이고, 사람들 앞에서 면박 주는 걸 대수롭지 않게 여기고, 사무실이 떠나가라 큰 소리로 호통을 치곤 했다. 그때마다 친구는 가슴이 철렁 내려앉는 기분이었다고 한다. 그래도 팀장이 정은 있는 사람이라서 혼낸 뒤엔 기분을 풀어 주겠다며 커피나 밥을 사곤 했는데 친구는 그 시간이 너무 힘들다고 털어놓았다. 팀장이 자기 사생활 이야기를 늘어놓으며 친구의 사생활에 대해서도 꼬치꼬치 캐물었기 때문이다. 또 팀장은 SNS에 게시물을 올릴 때마다 친구가 '좋아요'를 눌러 주기를 기대했다. 친구는 부담스러웠지만 친하게 지내고 싶어 하는 상사의 노력을 모른 체할 수 없어 '좋아요'에 댓글까지 달곤 했다.

매일 봐야 하는 직장 상사나 동료가 내가 싫어하는 사람이거나, 나를 싫어하는 사람이라면 괴로울 수밖에 없다. 그러나 안타깝게도 회사에서 우리는 마음에 드는 사람하고만 일할 수는 없다. 왜냐하면 회사의 존재 이유는 수익 창출이지 구성원들 사이의 친목이 아니기 때문이다. 또 살다 보면 나와 맞지 않는 사람, 가치관이나 성향이 다른 사람, 도저히 좋아할 수 없는 사람들을 만나게 마련이다.

따라서 어른으로서 원만한 사회생활을 하려면 좋아하지 않는 사람과도 잘 지내고, 싫어하는 사람과도 같이 일할 수 있는 능력이 필요하다.

함께 일하는 사람 사이에 존재하는 호감은 일의 윤활유가 되어 준다. 그런데 유달리 누군가 자신을 싫어하는 것을 못 견디는 사람들이 있다. 그들은 모두가 자신을 좋아해 주기를 바란다. 그리고 더 나아가 회사에서 만난 선후배들과 모두 친하게 지내야 한다고 생각한다. 많은 것을 공유하고 서로 좋아해야 마땅하다고 생각하는 것이다. 어려움에 처해도 서로를 좋아해 주고 지지해 주며 언제나 챙겨 주는 가족처럼 말이다. 그 결과 싫어하는 사람과 같이 일하는 것을 잘 견디지 못하게 된다. 그들은 싫은 사람과 함께 일해야 하는 상황을 비정상적이라고 여기고 엄청난 스트레스를 받는다. 또 누군가 자신에게 호감을 표시해 주지 않으면 곧 자신을 싫어하는 사람이라고 지레짐작한다. 자신에게 친절하지 않은 사람을 잘 견디지 못하는 것이다. 때론 상대의 반응에 촉각을 곤두세우느라 진이 빠지기도 한다.

그런데 직장 동료, 선후배와 가족 같은 관계를 맺는다는 것이 과연 좋은 일일까? 타인과 친밀한 관계를 맺고 유지해 나가는 데에는 엄청난 에너지가 투여된다. 친밀하다는 것은 서로를 잘 알면서도 받아 주는 특별한 관계가 된다는 뜻이다. 있는 그대로의 나를 보여 줄 용기와 상대방에 대한 믿음이 있어야 하며 관계에서 오는 실망도 견딜 수 있어야 한다. 그러므로 친밀한 관계에는 평생을 통틀어 가족과 소수의 친구만이 포함되는 게 정상이다. 그런데 모든 사람과 친밀한 관계를 맺으려다 보면 몸과 마음이 녹초가 되어 버림은 물론, 인간관계가 의무이자 책임이 되어 버린다.

그럼에도 성공을 위해 인맥이 중요한 현대사회에서 사람들은 어떻게 하면 모든 사람들과 친하게 지낼 수 있을까 몰두한다. 또 적을 만들어 봤자 좋을 게 없다는 생각에 모든 사람에게 호감을 얻고자 노력한다. 사람 만나는 일이 자발성에서 나오는 즐거움이 아니라 피곤한 노동의 연장이 되어 버리는 것이다. 그런데 우리의 오감은 타인의 반응에 민감하도록 발달되어 있다. 우리의 유전자에는 타인으로부터 사랑받고 인정받고자 하는 욕구가 깊이 각인되어 있기 때문이다. 그래서 인맥 관리를 위한 거짓 웃음은 어색함과 불편함만 초래할 뿐 오히려 원하는 결과를 얻지 못하게 된다.

그리고 친해지는 것과 원만하게 지낸다는 것은 전혀 다른 이야기다. 친밀함은 관계에 따라 동심원을 그리듯 퍼져 나간다. 소수의 친밀한 관계부터 서로 알고만 지내는 사이까지, 동심원의 크기는 다양하다.

이때 원만하게 지낸다는 것은 관계에 따른 동심원의 크기를 잘 알고 알맞게 행동하는 것이다. 직장 선후배 사이의 동심원은 서로 역량을 충분히 발휘하고, 갈등도 원만하게 해결해 나갈 수 있는 정도면 충분하다. 꼭 서로를 좋아해야 할 필요는 없다는 뜻이다. 부족한 점을 격려하고 함께 노력할 수 있으면 그뿐, 꼭 친해져야 할 필요도 없다.

이렇게 말하면 사람들은 너무 비인간적이지 않느냐고 반문한다. 그러나 나는 직장 내 인간관계의 한계를 인정하고 받아들이면 오히려 상대를 덜 감정적으로 대할 수 있고, 일하는 데만 집중할 수 있다고 생각한다. 그렇게 수차례 함께 회의를 하고 협력을 하다 보면 상대에게 동료애를 느끼게 될 수도 있다. 이때 동료애란 하나의 목표를 향해 달려가기에 충분히 신뢰할 만한 사람에게 느끼는 감정이다. 그러므로 대하기 어려운 뭔가가 있더라도 그 사람과 계속 일하고 싶다는 생각이 들면 '왜 우리 사이는 편하지 않은 걸까?' 하고 너무 고민하지 않아도 된다. 서로를 배려하고 존중하는 마음을 가지고 있다면 회사에서는 그것으로 충분하다.

싫어하는 사람과 일을 하게 될 때도 마찬가지다. 상대방을 싫어한다고 내가 맡은 일을 소홀히 해서는 안 된다. 그리고 상대방에게 싫은 티를 내고 그의 말을 무시하는 것 또한 옳지 않다. 사람이 싫은 것과 일하는 것을 구분 지어 생각할 수 있어야 한다는 말이다.

한 가지 더, 지금까지 삶을 돌아보니 나와 맞지 않는 사람은 10명 중 2명 정도였다. 그리고 나와 맞지 않는 2명은 내가 아무리 노력한다고 해도 결코 가까워지는 법이 없었다. 아무리 좋은 남자와 좋은 여자를 만나게 해 줘도 그들 사이에 끌림이 없으면 연인 관계로 발전하기 힘든 것처럼, 아무리 괜찮은 사람들이라도 둘 사이는 막상 그리 친하지 않은 경우도 허다하다.

그러니 모든 사람들이 당신을 좋아해 줬으면 좋겠다는 생각에 껄끄러운 사람들과의 관계 개선에 너무 에너지를 쏟아 붓지 않았으면 좋겠다. 더 친해지고 싶고 앞으로도 계속 연락하고 지내고 싶은 사람들을 챙기는 것도 좋은 방법이다. 오랜만에 연락해도 그들은 당신을 진심으로 반갑게 맞이해 줄 것이다. 그리고 그들의 환대는 분명 당신의 지친 마음을 위로해 주고 좋아하지 않는 사람에게도 예의를 지킬 수 있는 힘을 줄 것이다.

그러니 어느 순간 인간관계가 피곤한 노동처럼 느껴진다면 곰곰이 생각해 보라. 아직도 당신을 아는 사람들이 모두 당신을 좋아해 주었으면 좋겠다는 욕심을 버리지 못한 것은 아닌지 말이다.

내가 열등감을 가지고도
즐겁게 사는 비결

한 여자아이가 있었다. 집에 놀러 온 손님들은 그 아이를 보면 농담 반, 진담 반으로 그랬다. "이 집은 왜 셋째 딸이 제일 안 예뻐?" 큰언니와 둘째 언니 그리고 여동생은 얼굴도 조막만 하고 하얀 피부에 눈도 큰 미인이고, 남동생은 누가 봐도 잘생겼는데 셋째 딸인 여자아이는 자기가 봐도 그다지 예쁜 구석이 없긴 했다. 그래서 여자아이는 자기가 너무 못생겼다고 생각했고 더 나아가 자신이 늘 부족하다고 여겼다. 그러다 보니 사람들 앞에 나서는 게 점점 두려워졌다. 사람들 앞에만 서면 자꾸 떨려서 발표도 잘 못했다. 그래서 학창 시절 반장 같은 걸 해 본 적이 단 한 번도 없었다.

그 여자아이는 바로 나다. 어쩌다 사람들에게 이 이야기를 하면 모두 깜짝 놀라곤 했다.

"에이, 설마요? 선생님은 열등감 같은 거 전혀 없으시잖아요. 동안에 귀여우시고 발표할 때 전혀 떨지 않으시면서 무슨 말씀이세요."

하긴 내가 가진 건 미모뿐이라며 우스갯소리로 잘난(?) 척하고, 학회에서는 제법 인기 강사로 평가되니 그런 말을 할 법도 하다. 그러나 어릴 적 나는 정말로 열등감이 많았다.

인간이 살아가는 데 가장 중요한 것은 사랑받는다는 사실이다. 그런데 외모를 보면 예쁜지 안 예쁜지부터 따지는 세상에서 예쁘지 않다고 평가 받는 것은 여자아이에게 굉장한 수치심을 불러일으킨다. '사람들은 못생긴 나를 좋아해 주지 않을 거야'라는 두려움에 떨며 사람들에게 사랑받기 위해 예쁜 짓을 하면서도, 속으로는 그렇게 해야만 자신을 봐 주는 세상과 사람들에게 분노하게 된다. 그래서 어린 시절 아이에게 못생겼다는 말은 자존감 형성에 있어 부정적인 영향을 끼칠 수밖에 없다.

우리의 자존감은 타인의 시선을 통해서 형성된다. 자존감이란 말 그대로 자신을 존중하는 마음인데, 자신을 존중하기 위해서는 자신이 좋은 사람이라는 믿음이 있어야 한다. 이때 만일 다른 사람들이 자신을 반겨 주고 사랑해 주며, 웬만한 실수도 이해하고 받아 주면 우리는 자신이 좋은 사람이라는 느낌을 갖게 된다. 그런데 사람들이 자신을 좋아해 주지 않으면 버림받을지도 모른다는 두려움에 휩싸인다. 그리고 자신이 얼마나 아름답고 괜찮은 사람인지 모른 채 스스로를 창피해하고 자책하면서 불안한 삶을 살게 된다.

그러나 사실 열등감은 어느 누구에게나 있다. 왜냐하면 모든 일을 다 잘하거나 모든 것을 완벽히 갖춘 사람은 이 세상에 아무도 없기 때문이다. 하지만 열등감의 뿌리가 너무 크고 깊으면 그 사람의 인생은 어둡고 불행해질 수밖에 없다. 열등감이 크고 자존감이 낮은 사람들은 자신이 못나고 무가치하다고 믿기에 행복해질 수 있는 많은 기회와 가능성을 애당초 포기해 버리기 때문이다.

그렇다고 해서 열등감이 늘 나쁜 것만은 아니다. 나는 못생겼고 부족하다는 열등감을 극복하기 위해 책을 많이 읽었고 공부도 더 열심히 했다. 남에게 내 부족한 점을 들키지 않기 위해 뭘하든 더 완벽하게 하려고 노력했다. 나는 학회에서 발표를 해야하거나 원고 쓸 일이 생기면 내가 읽을 수 있는 모든 것을 다 읽는다. 관련 자료들을 다양한 관점에서 바라보고 그에 대한 나름의 결론을 얻어 누가 질문을 하더라도 그에 대한 답을 할 수 있도록 노력하는 것이다. 그렇게 많은 것을 읽고 공부한 덕에 나는 지금의 위치에 오를 수 있었다. 만약 열등감이 없었다면 나는 성장해야 하는 이유를 찾지 못했을지도 모른다. 예쁘고 완벽하다면 더 이상 노력할 이유가 없다고 생각했을 테니까.

그러므로 열등감이 있다면 그것을 어떻게든 숨기려고만 하지말고 다른 장점을 키워 열등감을 점점 더 작아지게 만드는 것이 좋다. 그러나 열등감이 크고 자존감이 낮은 사람들은 주어진 일을 견디고 해 나갈 뿐이지 자신이 주인이 되어 목표를 세우고 나아가지 못한다. 자신에겐 그런 능력이 없고 해 봤자 실패할 것이 뻔하다고 생각해 미리 포기해 버리기 때문이다. 그리고 타인들의 공격에 무방비 상태가 되어 당하기만 한다. "못생겨서 싫어"라는 무례한 말을 듣고도 가만히 있고, "너는 뭐 하나 제대로 하는 게 없구나"라는 비난을 당연하다고 받아들인다. 화를 내며 부당하다고 말해야 하는 상황에서조차 아무 말 못 하는 것이다.

물론 못생기고 무언가 부족하다는 게 장점이 될 수는 없다. 하지만 그것 때문에 자신의 존재 자체가 쓸모없다고 생각하는 것은 잘못이다. 왜냐하면 우리 주위에는 외모에 구애받지 않고 자신만의 매력으로 사람들의 관심을 끄는 이들이 분명 있기 때문이다. 또 부족한 면도 있지만 탁월한 장점으로 자신의 가치를 높이는 사람들도 있다. 즉 외모가 좀 못하고 부족하다는 사실이 인생을 망치는 이유는 될 수 없다. 다른 사람들이 나를 못생겼고 부족하다고 말할 수 있지만 그것으로 내 존재 가치가 없어지는 것은 아니라는 말이다.

그러므로 다른 사람의 시선에서 벗어나 스스로 자신을 들여다보라. 누구나 부족한 구석이 있지만 찾아보면 좋은 구석도 많다. 그런데 부족한 것만 너무 커 보이고 자꾸만 주눅이 든다면 그것은 내가 진짜로 그런 사람이어서가 아니라 다른 사람들의 시선에 얽매여 있다는 뜻이다. 그러므로 자존감이 낮다면 우선 잘못된 시각부터 교정할 필요가 있다. 열등감이 너무 깊어 모든 것이 두렵다고 말하는 환자에게도 그렇게 이야기했다.

"당신이 스스로를 바라보는 시각으로 인생은 흘러가게 되어 있어요. 당신이 스스로를 긍정적으로 보면 인생도 그렇게 흘러가고, 당신이 스스로를 실패자로 보면 인생도 그렇게 흘러갈 거예요. 그러니까 다른 사람들이 당신을 바라보는 시각 말고, 당신이 자신을 어떻게 바라볼지 그것부터 결정하세요."

스스로를 한심하고, 모자라고, 허둥대는 결점투성이로 바라보면 인생도 그렇게 흘러갈 것이다. 하지만 스스로를 착하고, 남을 배려하고, 뭐든 열심히 하는 사람이라고 바라보면 인생도 그렇게 흘러갈 것이다. 똑같은 나인데도 내가 나를 어떻게 바라보느냐에 따라 인생이 바뀌는 것이다. 그리고 타인의 비난에 흔들리지 않고, 틀리면 고치면 된다고 생각하고, 부당한 지적에는 옳지 않다고 말할 수 있고, 타인과의 관계에서 늘 피해만 본다는 사고에 물들지 않고, 타인과 대등한 관계에 설 수 있는 태도 또한 나를 믿고 존중하는 데서 출발한다. 내가 나를 믿지 않는데 누가 나를 믿어 줄 것이며, 내가 나를 보호하지 않는데 누가 나를 보호해 주겠는가. 게다가 사랑받기 위해 다른 사람의 기대를 충족시키려고 해 봐야 그 기대를 다 충족시킬 수 없을뿐더러 결국에는 나 자신을 잃고 공허한 삶을 살게 된다.

그러니 스스로를 바라보는 시각을 바꾸고 열등감의 늪에서 빠져나와라. 신기한 것이, 면담을 하다 보면 환자가 좋아지고 있다는 최초의 사인은 얼굴에서부터 나타난다. 환자들이 예뻐지고 멋있어지는 것이다. 바로 자신감의 회복을 알리는 사인이다. 자신감이 회복되고 자존감을 찾게 되면 얼굴이 편안해지고 피부가 좋아지면서 빛이 난다. 또한 자신을 억압하고 잡아 끌어내리던 무의식적인 힘으로부터 자유로워지면서 능력도 발전한다. 잃어버린 자존감을 되찾고 새로 태어난 기분으로 세상을 향해 힘찬 발걸음을 내딛게 되는 것이다. 그러니 정말 아름답고 멋진 사람이 되고 싶다면 자신의 자존감부터 체크해 볼 일이다. 자신감이 넘치는 사람은 언제 어디서든 빛이 나고 멋있어 보이게 마련이니까 말이다.

제발 모든 것을 '상처'라고 말하지 말 것

　스마트폰에는 정말 묘한 중독성이 있다. 스마트폰을 끼고 살다시피하는 아이들에게 잔소리하던 때가 엊그제 같은데 이젠 나역시 아침에 일어나면 스마트폰부터 열어 본다. 그리고 행여 놓치는 메시지가 있을까 봐 항상 스마트폰을 보이는 곳에 두거나 안 보이면 찾는다. 휴대전화가 없던 세월이 더 많았고, 그때도 잘살았는데 어쩌다 이렇게 된 걸까. 스마트폰이 없으면 답답하다는 느낌이 들 때마다 새삼 그 중독성에 놀라게 된다. 하긴 지하철을 타 보면 스마트폰 때문에 고개를 들고 있는 사람을 보기가어려울 정도니 오죽하겠는가. 열에 아홉이 약속이나 한 듯이 스마트폰에 코를 박고 바삐 손가락을 움직이는 모습을 보고 있노라면 살짝 무섭다는 생각도 든다. 그들은 서로를 쳐다보는 법이 없으며 주변 상황이나 사람에 아무런 관심을 두지 않는다.

예전에 어떤 모임에 갔을 때였다. 참석한 사람들은 모두 40대 이상의 전문직 종사자들이었다. 모두가 서먹하게 악수를 나누며 인사를 하고 명함을 주고받은 뒤에 자리에 앉았다. 그런데 약속이라도 한 듯 스마트폰을 꺼내 들여다보는 것이 아닌가. 우린 같은 자리에 앉아 있었지만 각자 자신의 세계로 떠나가고 없었다.

가족끼리 외식을 할 때도 마찬가지다. 스마트폰으로 부지런히 문자를 주고받는 아이들과 엄마, 그리고 못마땅한 얼굴로 이를 바라보는 아빠가 있을 뿐이다. 그런데 더 웃긴 건 가족 식사 중에 그토록 문자를 주고받던 친구와 만나면 이야기꽃을 피우는 게 아니라 또 다른 친구와 문자를 주고받는다는 사실이다.

이제 사람들은 직접 만나고 부딪치는 것보다 스마트폰이라는 기계를 통해 연결되는 것을 더 선호하는 듯 보인다. 더구나 스마트폰을 켜면 동시다발적으로 여러 사람들과 대화가 가능하다. 대화창을 몇 개 열어 놓고 올라오는 메시지를 읽고 거기에 답을 남기면 그만이니까 이보다 더 편리할 수 없다. 그리고 어떤 집단에 속해 있다는 사실은 심리적 안정감을 주며 자신의 메시지에 즉각적으로 반응이 오는 것을 보면서 혼자가 아니라는 안도감도 얻게 된다. 즉 외로운 현대인들에게 스마트폰은 나와 세상을 연결해 주는 끈이요, 내가 혼자가 아니라는 사실을 즉각적으로 확인시켜 주는 중요한 소통 수단인 셈이다. 그런데 이처럼 원하기만 하면 수많은 사람들과 언제든 연결될 수 있는데도 사람들은 여전히 외롭다고 말한다.

현대사회는 속도와 확산의 시대다. 지구 한쪽에서 일어난 사건이나 유행이 수초도 안 걸려 그 반대편에 도달한다. 더불어 사람들의 이동도 잦아지면서 관계에 있어서도 스쳐 지나가는 만남이 많아졌다. 긴 시간 동안 서로를 알아 갈 겨를이 없어진 셈이다. 그럴 때는 어떻게든 짧은 시간에 상대에게 강한 인상을 남기는 것이 중요해진다. 즉 남들이 나를 어떻게 생각하는지가 중요해지는 것이다. 게다가 요즘 아이들은 아주 어려서부터 어린이집이나 유치원에 맡겨져 자란다. 바쁜 부모들은 아이의 양육을 다른 사람들의 손에 맡기면서 아이가 다른 사람들과 잘 지내는지 항상 체크한다. 아이들이 일찍부터 타인에게 자신이 어떻게 보일지에 민감해지는 이유다.

그런데 남이 나를 어떻게 생각하느냐가 중요해질수록 삶은 매우 불안정해진다. 자신의 생각이나 느낌에 대한 확신이 줄어들고, 자꾸 타인의 시선에 민감하게 반응하게 되고, 타인의 요구에 순응해야 할 것 같은 상태에 놓이기 때문이다. 이제 사람들은 타인을 절대적으로 필요로 하면서도 타인의 평가를 두려워하고, 동시에 자신을 통제하는 타인에게 분노하며 가까이하고 싶어 하지 않는 딜레마에 빠지게 된다. 게다가 언제든 나에게 등을 돌릴지 모르는 타인을 어떻게 믿겠는가.

그 결과 사람들은 누구도 믿지 못하게 된다. 사랑하는 사람도 언제 마음이 돌아설지 모를 일이다. 그러므로 언제든지 헤어질 준비를 하고 살아야 한다. 그가 떠나도 내 삶에는 아무런 여파가 없도록 말이다. 그래서 어느 누구도 깊이 알려고 하지 않는다. 순간순간 보이는 이미지와 그때그때 느끼는 감정을 더 중요시하고, 피상적이고 어떠한 리스크도 감수할 필요가 없는 관계만을 선호할 뿐이다. 그렇기 때문에 현대의 젊은이들은 겉으로는 화려하고 세련되어 보이지만 실은 공허하고 외로움이 많다. 더구나 상처가 났을 때 곁에서 진심으로 걱정해 주고 약을 발라 줄 사람이 없다는 사실이 그들을 더 외롭게 하고, 더 상처에 예민해지도록 만든다. 상처받기 싫어서 어느 누구도 깊이 만나고 싶지 않은데 그럴수록 더 상처에 취약해지는 아이러니에 직면하게 되는 것이다.

상처 없는 삶이란 없다. 그리고 우리는 상처에 직면해 그것을 이겨 내려고 애쓰면서 조금씩 단단해져 간다. 굳은살이 박이면 소소한 아픔들은 그냥 넘길 수 있게 되는 것처럼 말이다. 그리고 굳은살이 있어야 더 큰 상처가 왔을 때도 그걸 이겨 나갈 힘이 생긴다. 하지만 상처를 계속 피하게 되면 굳은살이 생기기는커녕 아주 조금만 찔려도 죽을 것처럼 아파하게 된다. 상처 자체에 취약해지는 것이다. 그렇게 되면 일상생활 자체가 버거워진다.

살다 보면 갑자기 징검다리를 만나기도 하고 가시덤불과 마주치기도 한다. 그러나 그것은 상처가 아니다. 누구나 겪는 삶의 한 과정일 뿐이다. 하지만 상처에 예민하게 반응하는 사람들은 그것조차 상처라고 여겨 어떻게든 피하려고만 든다. 징검다리는 건너면 될 일이고, 가시덤불은 조심조심 헤치며 나아가면 될 일인데 말이다. 예를 들어 상사에게 야단을 맞았다고 해 보자. 업무상 실수에 대한 지적을 한 것인데 그것을 상처라고 말하는 사람들이 있다. 그것은 상처가 아니다. 지적을 받았으면 고치면 되고 입장 차이로 인한 사소한 마찰과 갈등은 언제든 있을 수 있는 일이다.

그런데 아주 사소한 일까지 모두 상처라고 말하면 우리 삶은 문제덩어리가 되어 버린다. 왜냐하면 상처를 입었다는 것은 누가 나에게 어떤 위해를 가했다는 뜻이 되기 때문이다. 즉 상대방을 가해자로, 나를 피해자로 만들어 버린다. 그것은 일어나서는 안 될 일이 일어난 것이고, 정신적 치료가 필요한 일이 되어 버린다. 내가 조금만 노력하면 고치고 해결할 수 있는 일들이 내 힘으론 해결 불가능한 문제로 변해 버리는 것이다.

상처는 우리가 무언가를 절실히 원하기 때문에 받는 것이다. 무언가 원하는데 그게 내 바람대로 되지 않을 때 상처받았다고 하는 것이다. 그러니 내가 원하는 게 정말 합당한 것인지부터 생각해 볼 필요가 있다. 누군가에게 문자 메시지를 보냈는데 답장이 금방 안 온다는 이유만으로 냉큼 상처 입었다고 말하는 것은 나쁜 습관일 뿐이다.

샤워를 하다가 보면 문득 팔에 긁힌 자국을 발견할 때가 있다. 언제 긁혔는지도 모를 자국을 보면 그제야 '어디서 이랬지?' 생각한다. 그런데 그때뿐이다. 시간이 지나면 자국은 없어지게 마런이고 나도 그냥 잊어버리게 된다. 어쩌면 현대인들이 무분별하게 '상처'라고 말하는 일들이 그 자국일 수도 있다. 그러니 스쳐 지나가고 그냥 넘어갈 일까지 굳이 상처라고 말하며 인생을 복잡하게 만들지 않았으면 좋겠다. 상처와 상처가 아닌 것을 구분 짓는 것, 그것은 어쩌면 상처로부터 자유로워지기 위한 첫걸음인지도 모른다.

늘 혼자가 편하다고
말하는 사람들에게

    혜은 씨의 별명은 '언터처블(untouchable)'이다. 자기 일은 깔끔하게 처리해서 업무 능력을 인정받았지만 절대 손해를 보지 않으려 해서 누군가 가욋일을 시키면 "제가 왜 이 일을 해야 하죠?"라고 따박따박 따졌다. 그러나 평상시에는 워낙 깔끔한 성격이라 별로 두드러진 문제 없이 업무를 처리하곤 했다. 다만 모든 사람들과 일정 거리를 두려 했다. 점심도 도시락을 싸 와서 휴게실에서 먹으며 사람들이 같이 가자고 하면 "복작거리는 것이 싫고 혼자 먹는 게 편하다"며 거절했고, 누가 업무 이외의 사적인 질문이라도 할라치면 불편하다는 표정을 지으며 바로 선을 그었다. 매번 그럴 필요는 없지 않느냐는 누군가의 말에 그녀는 말했다. 사람들이 다 똑같이 살 필요는 없는 것 아니냐고, 자신은 뭐든지 혼자 하는 게 편하고 자기에게 맡겨진 일은 알아서 잘하고 있다고, 사람들에게 피해를 입히는 것도 아니니 문제 될 게 없다고.

왜 혜은 씨는 사람들과 일정 거리 이상 가까워질 필요가 없다고 생각하는 걸까? 왜 그녀는 아무도 필요 없고 혼자서 모든 것을 해 나갈 수 있다고 하는 걸까? 그녀처럼 드러내 놓고 자기 영역을 침범당하지 않기 위해 날을 세우지는 않더라도, 혼자가 편하다고 말하는 사람들이 점점 늘어나고 있다. 이들에게 타인은 그저 타인일 뿐, 서로 간섭 안 하고 적당한 선을 유지하면서 살면 된다고 생각한다. 이들은 독립적이고 자유로운 생활을 추구하면서 자신의 기쁨과 편안함을 우선으로 한다. 다른 이에게 신경 쓰느라 에너지를 낭비하고 싶지 않다고 말하고, 조금이라도 다른 사람에게 의지하게 되는 상황을 몹시 두려워한다. 또한 결혼이나 출산으로 자유가 구속당하는 것을 이해하지 못하며 그럴 필요성도 느끼지 못한다. 그래서 이들은 오히려 사람들에게 반문한다.

"나 혼자 벌어서 나 혼자 쓰고 살기도 벅찬 마당에, 왜 결혼을 해서 신경 써야 할 게 많고 피곤하기만 한 관계를 더 만들어야 하는가. 아이를 낳으면 이 모든 자유를 포기해야 하는데 왜 그래야 하는가. 결국 사람들이란 누군가 필요하면 간이라도 빼 줄 듯이 가까운 척하다가도, 필요가 없어지면 언제든지 그를 버릴 수 있는 이기적인 존재인데 왜 그에 휘둘려야 하는가."

이들은 다른 사람 때문에 하고 싶은 걸 못 하게 되는 상황을 잘 견디지 못한다. 차라리 말썽이 생길 소지를 아예 만들지 않고 혼자서 살아가는 게 맘 편한 일이라고 생각한다. 세상에 즐길 게 얼마나 많은데 괜히 사람들 틈에서 복작거리며 살 필요가 없다는 것이다.

그 누구도 이들에게 이래라 저래라 할 수는 없다. 어른이 된 이상 어떻게 살든 그것은 자유이므로 이들의 선택을 존중해 주는 것이 옳다. 게다가 나는 혜은 씨에게는 더더욱 뭐라고 할 생각이 없다. 그녀가 타인에게 받은 깊은 상처로 인해 얼마나 오랜 시간 동안 힘들어했는지 알기 때문이다. 그녀가 사람들에게 벽을 쌓고 거리를 두는 것도 알고 보면 더 이상 상처받지 않으려는 몸부림인 것이다.

그녀는 독립적인 사람이고 싶어 했다. 그래서 다른 사람에게 의지하는 것을 매우 수치스럽게 여겼고 일이 안 풀릴 때조차 도움을 구하지 않았다. 밤을 새서라도 혼자 끙끙거리며 문제를 풀어 나갔고 그런 자신에게 자부심을 느꼈다. 게다가 독립성을 미덕으로 꼽는 현대사회는 그녀를 부추긴다. 독립성을 추구하는 분위기에서 타인에게 의존하게 되면 뭔가 미성숙하고 문제가 있는 사람으로 비쳐지기 십상이다. 그래서 요즘 사람들은 타인의 도움을 받는 것을 부끄럽게 여긴다.

하지만 혜은 씨가 혼동하는 게 하나 있다. 바로 독립과 고립의 차이다. 독립은 스스로 자신의 생활을 영위할 수 있는 능력이다.

그런데 사실 독립은 타인에게 의존해야 할 때 의존할 수 있는 능력을 전제로 한다. 살다 보면 남들의 도움이 필요할 때가 반드시 온다. 그럴 때 독립적인 사람은 당당하게 도움을 청한다. 또 누군가 자신을 필요로 할 때 기꺼이 도움을 준다. 타인의 도움은 잠시 어려운 상황을 극복하기 위해 필요한 것이고, 여전히 자신의 일을 주관하는 사람은 자기라는 자신감이 있기 때문이다.

하지만 도와 달라고 했다가 자칫 인생의 주도권마저 타인에게 내줘야 할까 봐 두려워하는 이는 선뜻 타인에게 도와 달라고 하지 못한다. 그럴 경우 그것은 독립이 아니라 고립이 되어 버린다. 혼자서는 결코 문제를 해결할 수 없는 상황에서 스스로 고립을 자처하는 것이다.

나는 혜은 씨가 스스로는 독립적이라고 믿고 있지만 벽을 쌓은 채 자기만의 성에 갇혀 고립을 자처하는 것이 아닌지 우려스럽다. 그리고 성 안에서 혼자 편하고 즐겁게 살면 다행이지만 혹시라도 누군가가 성에 침입할까 봐 항상 보초를 서면서 긴장한 채로 사는 건 아닌지 걱정된다. 그녀의 지나친 자기 보호 반응은 주변 사람들까지 덩달아 긴장하게 만들기 때문이다.

감정은 전염성이 강해서 주변으로 급속히 퍼져 나가는 속성이 있다. 그래서 그녀가 '나 건드리지 마. 나 혼자서도 충분해'라며 다른 사람들에게 벽을 쌓으면 주위 사람들은 불편함을 느낄 수밖에 없다. 딱히 그녀의 행동이 피해를 주지는 않더라도 감정적인 불편함이 팀 분위기를 해치는 것이다. 또 그녀는 상처 입기 싫어 사람들과 거리를 두고 싶다지만 상대방의 경우 아무 잘못도 없이 일방적으로 선 긋기를 당하니 기분이 안 좋을 수밖에 없다. 그래서 나중에 혹시나 혜은 씨가 도와 달라고 손을 내밀어도 그들이 그 손을 기꺼이 잡아 줄지 의문스럽다.

늘 혼자가 편하다고 말하는 사람들에게 들려주고 싶은 이야기가 하나 있다. 영국의 정신분석가인 페어베언에 의하면 인간의 가장 기본적인 본능적 욕동은 대상 추구의 본능이다. 누군가와 관계를 맺는다는 것이 거역할 수 없는 인간의 본능이라는 것이다. 인간은 누군가에게 기대고 싶어 하고 그로부터 보살핌을 받고 싶어 하며, 무엇이든 공유하고 싶어 한다. 좋은 것, 맛있는 것, 재미있는 것을 보면 사람들은 혼자서 그것을 경험하기보다는 다른 사람과 나누고 싶어 한다. 아마도 재미있는 장면을 보고 엄마를 부르는 동물은 우리 인간밖에 없을 것이다. 그런데 내가 타인의 필요성을 느낀 곳은 굉장히 의외의 장소에서였다.

학회 참석차 스페인에 갔을 때의 일이다. 워낙 혼자 돌아다니는 것을 좋아해서 그날도 혼자서 편안한 복장으로 바르셀로나 구석구석을 돌아다녔다. 신경 쓸 사람도 없고 거리낄 것도 없이 그냥 내가 가고 싶은 곳을 가면 되니까 재미있었다. '이래서 혼자 여행하는구나'라는 생각이 들기도 했다. 그런데 저녁 무렵 어느 성의 망루에 올라 석양을 보고 있을 때였다. 아름답게 지는 해를 바라보며 가슴이 벅차 "아, 참 좋다! 그치?" 했는데 그에 답해 주는 사람이 없었다. '맞다. 내가 혼자 온 거지.' 옆에 아무도 없다는 사실을 깨닫는 순간 너무나 외롭고 쓸쓸했다. "아, 참 좋다! 그치?"라고 말하면 "그러게, 진짜 좋다!"라고 말해 줄 사람, "이거 너무 맛있지 않니?"라고 물으면 "응, 진짜 맛있다"라고 답해 줄 사람이 필요하다는 사실을 새삼 느끼는 순간이었다.

혼자만의 경험과 느낌은 기억 속에서 색이 바래져 가기 쉽다. 그러나 다른 사람과 함께 공유한 기억은 추억이 되고 역사가 된다. 그와 나 사이의 공간에 저장되어 의미를 부여받고 확장될 수 있는 것이다. 즉 둘만 간직하고 있는 추억이 되어 언제든 그 추억을 불러올 수 있게 된다.

혼자여도 좋지만 둘이어서 더 좋고 셋이라서 더 좋을 수도 있다. 사람들과 부대끼고 치이다 어쩔 수 없이 마음의 문을 닫아 버렸다면, 그래서 애써 혼자가 편하다고 말하고 있다면 한 번쯤 생각해 보라. 내가 지금 여기에 있다는 사실을 알아줄 사람이 아무도 없어도 정말 좋은지 말이다. 혜은 씨는 얼마 전에 한 남자 후배에게서 그런 말을 들었다고 했다.

"선배, 우리는 선배가 좋아서 함께하고 싶은 거예요."

그녀는 "좋아해 주는 건 고마운데 그냥 나는 혼자가 편해"라고 답했다고 했지만 좋아서 함께하고 싶다는 말을 들었을 때는 기쁘지 않았을까. 그 후배가 앞으로 좀 더 적극적으로 나오면 참 좋겠다. 꽁꽁 걸어 잠근 마음의 빗장을 푸는 데 필요한 것은 결국 누군가의 다정함이기 때문이다.

나쁜 감정을 가졌다고
자책하는 사람들에게

언제나 친절하고 착하고 누구와도 갈등 없이 지내는 사람들. "그 사람 성격 정말 좋아. 얼굴 찌푸리는 걸 본 적이 없어", "천사 같은 사람이야. 남편이랑 한 번도 싸운 적이 없대". 사람들 사이에서 놀라움과 존경의 대상이 되기도 하는 그들을 자세히 들여다보면 공통점이 보인다. 미움, 분노, 원망, 질투, 시기 등 나쁜 감정이 올라오면 곧바로 저지하고 억압하는 강박증이 있다는 것이다.

그들은 나쁜 마음을 가져서는 안 된다고 생각한다. 나쁜 마음을 가지는 순간 자신을 나쁜 사람이라고 여기며 괴로워한다. 그런데 세상에 '나쁜 감정'이라는 게 있을까? 모든 감정은 정상적이다. 단지 도가 지나친 극단적인 감정이 문제가 될 뿐이다. 나에게 친구를 시기하는 마음이 있다고 느꼈을 때 대부분의 사람은 '내가 이 정도밖에 안 되는 인간인가' 하는 자괴감을 갖는다. 그러나 나에게 시기심이 있다고 해서 내가 못된 존재가 되는 것은 아니다. 그 시기심을 조절하지 못하고 친구에게 해를 입히는 등의 행동을 하지 않는다면 말이다.

그러므로 내가 만일 친구를 시기하고 있다면 나 역시 유혹에 빠지기 쉬운 인간임을 인정하면 된다. 그리고 시기심을 선의의 경쟁으로 승화시켜 서로에게 도움을 주는 방향으로 나아가게 하면 된다. 그러면 내 감정을 조절할 수 있을뿐더러 다른 사람의 나쁜 감정 또한 인정하고 받아들일 수 있게 된다.

화가 났을 때도 마찬가지다. 사람들은 보통 자신이 화가 나면 통제 불능의 상태가 되어 누군가를 해치게 될까 봐 두려워한다. 그러나 화를 억압하면 화병으로 번져 스스로를 갉아먹거나 엉뚱한 상황에서 갑작스러운 분노 폭발을 일으킬 수 있다. 반면 내가 화가 났다는 사실을 인정하면 무엇이 문제인지를 생각하게 되고 그 화를 적절히 푸는 방법을 강구하게 된다. 만일 부당한 일로 화가 났고 그것이 정당하다면 그에 대해 적절하게 대응을 함으로써 더 이상 상처받지 않도록 나를 보호하거나 상대에게 내가 화가 났음을 알려 더욱 조심하게 만들 수도 있다. 그럼으로써 상처 입는 악순환의 고리를 끊을 수 있는 것이다.

하지만 나쁜 감정을 가지는 것 자체를 견디지 못하는 사람들은 부정적인 감정이 생기는 즉시 자신을 나쁜 사람이라고 자학

하며 감정을 억압한다. 그들은 상대에게 감정을 드러내는 순간 소중한 관계를 망칠지도 모른다고 생각한다. 그래서 화가 나도 절대 표현하지 않고 참기만 한다.

이러한 성격 특성은 어린 시절부터 형성된 경우가 많다. 아이가 짜증을 내거나 투정을 부리는데 부모가 심하게 혼내거나 아이의 감정을 무시해 버리면, 아이는 자기의 감정이 옳지 못하다고 여기고, 부정적인 감정은 무조건 억압해야 하는 것으로 잘못 인지하게 된다. 이렇게 솔직한 감정을 이해받지 못하고 감정 다루는 법을 배우지 못한 아이는, 어른이 돼서도 나쁜 감정이 들때마다 당황하고 억압하게 된다. 마치 어린 시절 조금만 울상이 돼도 혼쭐을 냈던 그들의 부모처럼, 자신에게 나쁜 감정을 허용하지 못하게 되는 것이다.

억압된 감정은 중화되거나 승화되지 못하고 곪게 된다. 그러므로 어떤 감정이든 생기면 그 감정을 차분히 들여다볼 수 있어야 한다. 화가 났다고 해 보자. 그러면 먼저 '아, 내가 지금 그의 말에 화가 났구나' 하면서 감정을 인정하는 것이 필요하다. 그러지 않으면 감정을 들여다볼 수 없게 되고, 감정은 적절히 조절될 기회를 놓치게 된다. 하지만 자신의 분노를 가만히 들여다보면 원인이 무엇인지를 생각해 보게 되고, 조절하는 방법을 터득하게 된다.

그러므로 나쁜 감정을 느낀다고 해서 자신을 나쁘게 볼 필요는 없다. 만약 당신이 나쁜 감정이 올라올 때마다 이러면 안 될 것 같고 혼란스럽다면 다음과 같은 방법으로 대처하길 바란다.

1. 감정을 이해하고 받아들이는 시간을 가질 것

부정적인 감정이 들 때는 우선 자신의 감정에 대한 두려움을 버리고 그 감정이 어떻게 일어나 어떤 방향으로 흘러가고 있는지를 잘 살펴야 한다. 감정은 막으려 하면 할수록 더 커지는 법이다. 그러니 감정이 자연스럽게 이동될 수 있게 길을 터 주는 것이 좋다. 감정은 시간이 지나면 강도가 약해지고 자연히 스러지게 마련이다. 그렇다고 극단적인 감정을 있는 그대로 분출하라는 뜻은 아니다. 감정은 무서운 파괴력이 있어서 밖으로 쏟아져 나올 경우 감정이 해소되기는커녕 심장이 빠르게 뛰고 불안이 고조될 수 있다. 그러니 충분히 기다린 뒤 감정을 해결하는 것이 좋다. 감정에 굴복하지 않는 최선의 길은 자신의 감정을 정확히 아는 것이다. 어떠한 감정이든 숨 쉴 수 있게 하고, 그것이 내 마음에서 어떻게 바뀌어 가는지 알면 내가 원하는 대로 감정 조절을 할 수 있게 된다.

2. 감정을 표현할 때는 '나'를 주어로 하는 문장을 쓸 것

감정을 제대로 이해하고 난 뒤에는 이를 상대에게 솔직하게 전달하기 위한 기술이 필요하다. 우리가 감정을 표현하는 이유는 결국 사랑받고 싶고, 인정받고 싶고, 칭찬받고 싶고, 보호받고 싶은 욕구를 충족하고 싶어서이다. 나의 욕구를 충족하면서도 상대의 감정을 수용하여 원만한 관계를 만들어 나가려면 감정을 표현할 때는 상대방을 원인으로 돌리지 말고 '나는 ~라고 느낀다'라는 문장을 사용하는 것이 좋다. '나는 네가 약속 시간을 안 지켜서 속상했어', '나는 네가 다른 의견을 무시할 때 화가 나' 등등 '나'를 주어로 해서 문장을 만들면 '내' 느낌을 순수하게 상대방에게 전달할 수 있다. 하지만 사람들은 종종 갈등 상황에서 '너 때문에 속상해', '너 때문에 화가 나' 등등 상대방을 탓하는 말을 내뱉는다. 그럴 경우 상대는 자신을 보호하기 위해 화를 내게 되고, 순식간에 감정싸움으로 번지게 된다. 그러므로 어떤 순간에도 감정을 표현할 때는 그 목표가 내 감정을 정확히 상대방에게 전달하는 데 있다는 사실을 잊지 말아야 한다.

3. 감정이 격한 상태에서는 가급적 표현을 삼갈 것

안 좋은 감정일수록 상대에게 쉽게 전염되고 공명 현상을 불러일으킨다. 상대가 기분이 좋으면 나도 기분이 좋아지고, 상대가 짜증을 내면 나도 짜증이 나는 것이다. 그러므로 감정이 격한 상태에서는 가급적 표현을 삼가는 게 좋다. "네가 그렇게 화를 내면 나도 화가 나. 우리 좀 가라앉힌 뒤에 말하자"라는 식으로 격한 감정을 가라앉힐 시간을 가지는 것도 좋은 방법이다.

4. 감정에 충실하되 감정을 너무 믿지 말 것

감정은 기본적으로 쾌락의 원칙을 따르기 때문에 현실을 고려

하기보다 즉각적인 만족을 추구한다. 그래서 감정의 변화가 심한 경우 그 감정을 무작정 따라가다가는 사실 관계에 대한 혼란이 오고, 관계에 돌이킬 수 없는 문제가 생길 수도 있다. 그러므로 지금 느껴지는 감정이 즉흥적인 것인지, 나중에도 책임질 수 있는 것인지 잠시 호흡을 가다듬고 생각해 보라. 그래야만 서툴고 잘못된 감정 표현으로 인해 나와 상대방 모두 상처 입는 것을 막을 수 있다.

CHAPTER 3

내가 병을 앓으면서도
유쾌하게 살 수 있는 이유

22년간 파킨슨병을 앓으며 깨달은 것들

나는 내가 당연히 죽을 때까지 의사로 살 거라고 생각했다. 70~80세가 되어도 의지가 있다면 환자를 면담하고 치료하는 일이 가능할뿐더러, 환자들이 스스로 상처를 극복해 나가는 데 도움을 줄 수 있다는 게 참 좋았다. 치료를 하고 있으면 왠지 내가 쓸모 있는 사람이 된 것 같아 뿌듯하기도 했다.

그런데 병이 내게 찾아오면서 많은 것이 바뀌었다. 파킨슨병 판정을 받은 지도 벌써 22년, 나에게 파킨슨병은 불청객인데 어느새 사랑방을 딱 차지하고는 도통 갈 생각을 안 하는 손님이다. 게다가 얼마나 까탈스러운지 하루에 삼시 세끼를 반드시 차려 줘야 그나마 잠잠하고 안 그러면 집을 엉망으로 만들어 버린다. 그래서 때로 나를 피곤하게 만들고, 속상하게 만들고, 화가 나게 만든다. 하지만 까칠한 손님으로부터 배운 것도 참 많다.

1. 단점을 애써 고치려 하지 말고 그냥 장점에 집중할 것

파킨슨병에 걸리고 나서 나는 집을 지고 다니는 달팽이가 된 기분이었다. 내 몸이 집이고 내 머리가 이걸 끌고 가는데, 옛날에는 머리에서 명령을 내리면 몸이 알아서 착착 움직인 반면 지금은 쉽게 움직이지 않는다. 집을 끌고 가기가 여간 어렵지 않은 것이다. 내 경우 오른쪽 다리가 먼저 약해지기 시작해 그 다리를 끌게 되었는데, 어떻게든 오른쪽 다리에 힘을 주고 움직여 보려고 해도 꿈쩍하지 않았다. 대신 튼튼한 왼쪽 다리에 힘을 줘서 움직이면 오른쪽 다리도 같이 따라갔다. 그때 새삼 깨달았다. 힘이 남아 있는 강한 쪽을 더욱 강화시켜서 움직이면 약한 쪽이 따라가는데, 약한 쪽에 포커스를 두고 움직이려고 하면 죽어도 안 움직인다. 즉 약한 부분인 단점을 고치려고 애쓰는 것보다 오히려 강한 부분인 장점에 집중해 그것을 강화시키는 게 낫다.

못하는 것을 잘하려고 하면 낭비되는 에너지가 너무 많다. 그러니 단점은 그냥 두고 그 시간에 장점을 더 키워 나가면 많은 것을 얻을 수 있다. 뛰어난 장점이 단점을 커버해 버리는 것이다. 그러면 단점 때문에 더 이상 스트레스를 받지 않을 수 있고, 남들이 그 단점을 공격해도 끄떡하지 않을 수 있다. 탁월하게 잘하는 게 있는데 뭐가 두렵겠는가. 그래서 약한 부분을 두려워하지 않고 드러낼 수 있는 사람이 진정 강한 사람이라고들 하는 것이다.

2. '마이크로 월드'를 발견하다

본과 3학년 때의 일이다. 어느 날 도서관에서 집으로 걸어오다가 주위를 둘러봤는데 나뭇잎들이 다 떨어져 있었다. 아니, 단풍이 든 줄도 몰랐는데 어느새 낙엽이 지는 늦가을이 되어 있을 줄이야.

공부하느라 도서관에 거의 살다시피 하면서 정신이 없긴 했지만 뭔가 중요한 걸 놓친 기분이었다. 하지만 그때뿐 나는 또다시 바쁘게 살면서 참 많은 것들을 휙휙 지나쳐 갔다.

그런데 병으로 인해 천천히 걷거나 누워 있는 시간이 많아지면서 지금껏 보지 못했던 세상을 발견했다. 세상을 구석구석 바라보며, 물방울같이 아주 사소한 것에도 세상의 이치와 아름다움이 있다는 것을 알게 된 것이다.

유독 고통스러웠던 밤이 지나가고 새벽이 밝아 오는데 해가 뜨기 직전 하늘이 그렇게 멋있는 줄 미처 몰랐었다. 예전에 그냥 푹 떠서 금붕어 밥을 줄 때는 몰랐는데 천천히 주면서 금붕어들을 보니 조그만 입을 오물거리는 게 그렇게 예쁠 수가 없었다. 그뿐만이 아니다. 막 잠든 아기의 입가에 머무는 미소도 아름답고, 깜깜한 골목을 비추는 가로등 불빛도 아름답고, 내가 잠깐 잠든 사이 세상을 하얗게 뒤덮어 버린 설경도 아름답다.

구로야나기 테츠코의 소설 《창가의 토토》에는 이런 말이 나온다. "어쩌면 세상에서 진실로 두려운 것은 눈이 있어도 아름다운 것을 볼 줄 모르고, 귀가 있어도 음악을 듣지 못하고, 마음이 있어도 참된 것을 이해하고 감동하지 못하며 가슴의 열정을 불사르지 못하는 사람이 아닐까."

　나도 파킨슨병이 아니었다면 여전히 세상의 아름다운 것들을 놓치고 살면서도 그걸 왜 굳이 알아야 하느냐고 반문했을지 모른다. 하지만 지금은 지는 해가 얼마나 아름다운지, 옆 사람의 손이 얼마나 따스하고 위안이 되는지, 삶이 얼마나 소중하고 경이로운지 조금은 알 것 같다.

3. 힘들고 아픈 시간은 언젠가 끝나게 되어 있다

　한 발짝 떼는 것으로도 안 되어 기어 다녀야 할 때, 혹은 기어 다닐 수도 없어 꼼짝없이 누워만 있어야 할 때 그 고통을 견디는 것은 생각보다 힘들다. 누군가는 그랬다. 모든 뼈와 살이 잠자리 날개처럼 떨리는데 너무 아프다고, 그냥 이대로 죽어 버렸으면 좋겠다고. 이제 그만 아프고 싶다고. 나는 그 말을 듣는 순간 눈물이 왈칵 쏟아졌다. 부끄럽지만 나 또한 너무 아파서 단지 고통을 멈추고 싶다는 이유만으로 창문 밖으로 뛰어내릴까 생각했던 적이 있기 때문이다. 특히나 가족들이 모두 잠든 후 새벽녘에 아파서 자지도 못한 채 고통을 참아야 할 때면 이렇게 사느니 차라리 죽는 게 낫지 않을까 싶기도 했다.

　하지만 그렇다고 실제로 죽으려고 마음먹은 것은 아니다. 왜냐하면 어떻게든 아픔을 견디다 보면 아픔이 조금은 수그러드는 때가 반드시 왔기 때문이다. 고통이 24시간 내내 똑같은 강도로 지속되는 것은 아니다. 고통과 고통 사이에 조금은 덜 아픈 시간이 분명 있다. 그래서 나는 그 시간을 기다렸다. 고통이 조금 수그러드는 시간을 기다리고, 약을 먹어서 움직일 수 있는 상태가 되기를 기다렸다. 그리고 아픔이 덜해 움직일 수 있거나 약 기운으로 걸어 다닐 수 있을 때는 그 시간에 할 수 있는 일들을 했다. 밥을 먹고, 운동을 하고, 산책을 나가고, 장을 보러 가기도 하고, 친구와 수다도 떨면서 말이다.

그래서 나에게 기다림은 언젠가부터 희망이었다. 덜 아프고 몸을 움직일 수 있는 상태가 반드시 찾아왔기 때문이다. 그래서 몸을 움직일 수 있을 때 무엇을 하면 좋을까 상상하며 고통을 버텨 냈다. '어제는 꼬리뼈까지 아팠는데 오늘은 옆으로 눕는 것도 되네. 몸을 다 못 움직여도 손가락은 맘대로 움직일 수 있네. 정말 다행이다. 오늘은 약을 먹고 두 시간밖에 못 버텼는데 내일은 어떨까.' 어제보다 오늘이 나으면 다행이지만 오늘이 어제보다 안 좋을 수도 있다. 그래도 쉽게 절망하지 않는다. 내일 조금은 달라질지도 모른다는 희망을 버리지 않기 때문이다.

파킨슨병에 걸린 지 이제 22년, 그동안 나는 크고 작은 수술을 다섯 번 받았고 병은 악화되었다 조금은 나아졌다를 반복하고 있다. 그런데 신기하게도 오늘도 많이 아팠지만 몇 시간 기다리고 있으니 덜 아픈 시간이 찾아왔다.

누구나 힘든 시간을 견디고 있을 때는 언제 이 고통이 끝날지 몰라 절망하게 된다. 하지만 언젠가 힘든 시간들이 지나가고 좋은 시절이 찾아온다고 생각하면 오늘 하루를 다르게 보낼 수 있다. 그러니 인생의 겨울을 지나고 있다면 기억해 두기 바란다. 당신에게도 봄은 꼭 올 것이다.

4. 겸손을 배우다

언젠가부터 환자들이 나보고 그랬다. 달라졌다고, 어느 순간부터 내가 한결 편안해 보이고 표정도 부드러워졌는데 도대체 그 비결이 뭐냐고. 그러면 나는 웃으며 말한다.

"병이 제 스승이지요."

파킨슨병을 앓으며 다른 사람들의 고통에 공감하고, 세상에 일어나는 일들을 이해하고 포용하는 힘이 조금은 커진 것 같다. 그래서 예전 같으면 내가 옳기 때문에 상대방을 설득하려고 애를 썼을 텐데 지금은 기다린다. '저 사람이 아직 받아들일 준비가 안 되어 있구나. 언젠가 저 사람도 준비가 되면 받아들이겠지'라고 생각하는 것이다. 또 예전 같으면 내 한계도 모른 채 나 잘난 줄 알고 살았을 텐데 이제는 그 한계를 알기에 겸손할 수밖에 없다. 그래서 내 실수도 쉽게 인정하게 되었다. "그건 내 실수다. 당신은 아직 준비가 안 되었는데 내가 너무 서둘러서 당신이 상처를 받은 것 같다. 정말 미안하다"라고 말하게 된 것이다.

5. 유머의 힘은 역시 세다

사람들이 나의 병에 대해 알고 나면 어쩔 줄을 몰라 한다. 어떻게 위로해야 좋을지 모르겠다는 표정이 역력하다. 그럴 때마다 나는 먼저 웃으며 그런다.

"제가요. 옛날에는 가진 거라곤 돈하고 미모밖에 없었거든요. 근데 나이가 드니까 병하고 빚밖에 안 남았어요."

그러면 사람들이 심각한 표정을 풀고 나를 대하는 걸 불편해하지 않는다.

내가 파킨슨병을 앓고 있는 것은 사실이지만 그렇다고 '나는 병자다'라며 늘 심각하고 우울하게 살기는 싫다. 나는 여전히 농담을 즐기고 사람들과 웃으며 살고 싶다. 그래서 음식 값을 계산할 때도 그런다.

"제가 다리가 불편하니까 제일 좋은 게 뭔지 아세요? 음식 값을 안 내요. 제가 계산대에 도착하면 사람들이 이미 다 계산한 뒤더라고요. 근데 오늘은 제가 살 기회를 주시면 안 될까요?"

그런데 참 신기한 게 그렇게 유머를 던지고 나면 내 병이 가볍게 느껴져서 기분이 좋아진다. 유머가 병의 무게를 줄여 주는 역할을 하는 것이다.

내친김에 내가 나에게 붙인 별명도 있다. '쓰리 아워 우먼(3-hour woman).' 약을 먹으면 세 시간 동안은 괜찮아서 만든 별명인데 원더우먼은 아니지만 나름 괜찮은 별명인 것 같다. 별명을 사용하는 방법은 다음과 같다. "쓰리 아워 우먼 납시오!", "요즘은 쓰리 아워 우먼이 아니라 투 아워 우먼(2-hour woman)이야." 그런데 역시 유머의 힘은 세다. 유머를 한 사람이나 유머를 받아들이는 사람이나 잠시나마 무겁고 어두운 분위기에서 벗어나 밝게 웃게 해 준다.

그럼에도 나를 시시때때로 괴롭히는 병 때문에 많이 지친 날에는 암 투병 중인 이해인 수녀의 시 '병상 일기'를 읊조리며 힘을 낸다.

오늘은
약을 안 먹기로 한다

한 번쯤
안 먹으면 어때 하고
포기했다가
혼난 일이 있지만

그래도 오늘은
환자가 아니고 싶고
아무 약도 안 먹겠다는
무모한 결심을 해 본다

겉으론 태연한 척하지만
약을 안 먹고 사는 이들이
요즘은 제일 부럽네

병원에 안 가도 되는 이들이
정말로 부럽네

그러나 이 한 번쯤이
너무 오래가면 안 되겠지
오늘 하루만
내가 나를 용서하기로 한다

훨씬 더 행복해질 수 있는 나를
가로막은 것은 바로 나였다

예전에는 나이 들어 간다는 게 남의 일인 줄만 알았다. 남들은 다 나이 들어도 나만은 늙지 않을 것 같았다. 그러나 시간은 나의 몸과 마음에 그 흐름의 흔적을 새기고 어김없이 나를 여기까지 실어 왔다. 65세, 이제 내가 앞으로 살아갈 시간은 살아온 시간보다 많지 않다. 난 아직도 어린애 같은 부분이 많은데, 아직 사춘기 소녀처럼 충동적이고 감정적이며 감상적인데, 아직도 해야 할 일과 하고 싶은 일이 많은데, 살아갈 날들이 살아온 세월보다 많지 않은 나이가 되어 버렸다.

내가 걸어온 길은 어떠했던가? '지난 세월이 꿈만 같다'라는 말은 소설 속 노인들이나 내뱉는 한탄인 줄 알았는데, 어렴풋한 기억 속에서 내가 살아온 날들이 아득한 꿈처럼 느껴진다. 그러고 보면 살아오면서 참 많은 일들이 있었다. 숙제하듯 헉헉 대며 살아온 날들, 어떻게 살고 있는지도 모른 채 그저 남들 따라 숨 가쁘게 달려온 날들, 그 세월 속에서 내가 놓쳐 버린 것들이 아쉬움 저편으로 사라지는 것을 그저 눈을 뜨고 바라봐야만 한다. 아, 인생의 덧없음이여!

문득 고개를 들어 주위를 둘러본다. 같이 늙어 가는 남편과 동료, 친구들의 모습이 눈에 들어온다. 그 뒤로는 예전에 내가 그랬듯 호기심으로 가득 차 여기저기 기웃거리고 재잘대면서 종종걸음으로 따라오는 아이들의 모습이 보인다. 길었든 짧았든 나와 시간을 함께 보낸 사람들이 웃으며 손 흔드는 모습도 보인다.

새삼 그 모든 것이 아직 내 주위에 있다는 사실에 안도하게 된다. 많은 것을 잃었다고만 생각했는데 내가 떠나보낸 것보다 남아 있는 것이 더 많구나. 수많은 잘못을 저지르고 수많은 상처를 주며 살아왔는데 부족하기만 한 나를 사랑해 주고 염려해 주는 사람들이 내 곁에 있구나. 문득 이 모든 것이 너무도 감사하다.

난 지나간 세월을, 그 세월의 꿈들을 잃어버린 게 아니라 모두 내 안에 간직하고 있었다. 그런데 애석하게도 당장 눈앞의 것만 보는 근시안적인 내 눈이 미처 그걸 보지 못했을 뿐이다. 잃어버린 것을 슬퍼하느라 나에게 다가오는 소중한 것들에 감사할 줄 몰랐다. 훨씬 더 행복할 수 있었는데 만족을 모르는 내 욕심이 그것을 가로막고 있었다.

무엇보다도 나 자신에 대한 욕심이 그 어떤 일을 해도 늘 나를 불만족스럽게 만들었다. 남들보다 더 똑똑하고 빈틈없어야 하며 인정받을 수 있어야 한다는 나에 대한 지나친 기대가 나의 행복을 가로막아 온 것이다.

우리는 행복해지기 위해서 이 세상에 태어나지는 않았다. 태어난 것은 내 뜻과는 무관한 것이었다. 그러나 생명을 얻고 이 세상을 살아가면서 우리는 행복해지길 원한다. 그러면서도 행복은 내가 만드는 것이 아니라 주어지는 것이라 착각하며 살아왔다. 어릴 적 나에게 무한한 행복감을 안겨 준 부모님의 보살핌과 사랑에 대한 미련을 버리지 못해서일까. 나는 아직도 그런 사랑과 행복을 간절히 바란다. 혹시 내가 더 나은 사람이 되면, 내가 더 성공하고 완벽한 사람이 되면 그때의 무한한 행복을 다시 찾을 수 있지 않을까 기대한다. 이 기대 때문에 난 항상 짓눌리고 행복을 느낄 수 없었다. 사람은 완벽할 수 없는 존재인데도, 완벽해야만 사랑받고 인정받을 수 있다는 어릴 적 나의 불안이 항상 나를 따라다니며 행복을 놓치게 만들었다.

무엇인가를 더 원하고, 그것을 손에 넣는다고 해서 행복해지는 건 아니다. 원하던 것을 손에 넣는 순간 바로 우리는 더 큰 것을 원하게 된다. 사람의 욕심은 끝이 없는데 그에 비해 내가 가진 것이 늘 부족하게 느껴지기 때문이다.

행복은 오히려 덜어 냄으로써 찾아온다. 가지지 못한 것들에 대한 욕심을 덜어 내는 것, 나에 대한 지나친 이상화를 포기하는 것, 세상은 이래야 하고 나는 이래야 된다는 규정으로부터 벗어

나는 것. 그것이 바로 있는 그대로의 나와 세상을 똑바로 보고, 내 인생의 주인이 되어 그 안에서 행복을 찾을 수 있는 지름길이다.

지나친 이상화에서 벗어나야 나와 타인에 대해 좀 더 너그러워질 수 있으며, 그래야 서로 감싸 주며 사랑하는 법을 배울 수 있다. 어쩌면 이 너그러움을 배우는 과정이 바로 진짜 어른이 되는 과정일지도 모른다. 그리고 그것은 우리 인생에서 진정 중요한 것이 무엇인지를 알게 되는 과정이며, 마음의 평화와 행복을 찾아가는 과정이며, 삶을 깊게 이해하는 법을 배우는 과정이다.

우리는 행복해질 수 있다. 우리가 진정으로 행복해지길 원한다면 말이다. 그리고 우리는 이 삶이라는 고된 강을 열심히 헤엄쳐 왔기에 충분히 행복해질 권리가 있다. 그것은 그리 어려운 일이 아니다. 나를 짓누르는 과거의 무게를 조금 덜어 내고 나 자신에 대한 지나친 기대를 조금 덜어 내는 것만으로도 충분하다.

문득 내 마음 안에 있는 상처 입은 아이가 사랑스럽게 느껴진다. 그 아이를 사랑스러운 눈길로 다독이자 어느새 보채던 아이가 새근새근 잠이 든다. 그 아이에게 필요한 것은 다른 사람의 사랑이 아니라 바로 나 자신의 사랑이었던 것이다. 내가 좀 더 그 아이에게 너그러워진다면 그 아이는 멈추었던 성장을 계속해 나갈 것이다.

산다는 것은 죽을 때까지 멈추지 않는 성장의 과정이다. 그리고 그 성장의 목적은 바로 우리 삶에서 진정 중요한 것이 무엇이고, 진정한 행복이 무엇인지를 배우는 데 있다. 그래서 나는 오늘도 하나하나 차근히 배워 나간다. 지나가 버린 것들을 떠나보내고 새로운 것들을 맞아들이는 법, 서로 사랑하며 감사하는 법, 그리고 인생의 작은 행복을 느끼고 즐기는 법을.

내가 그를 용서한 진짜 이유

심각한 정신질환에 걸려 몇 년 동안 병원에 입원하고 있던 환자가 있었다. 피해망상과 환청 등으로 고생하던 그녀는 치료의 한 방법으로 사이코드라마를 자주 했다. 그녀의 드라마는 주로 아버지에 대한 것이었다. 불행히도 그녀의 아버지는 알코올 중독에 괴팍한 성격의 소유자로 어린 딸을 학교에도 보내지 않고 모질게 학대하며 돈벌이를 시켰다. 아무도 보호해 주지 않는 고통의 시간 속에서 그녀는 병들어 갔고, 그 증상 때문에 돌이킬 수 없는 죄를 짓고 말았다.

그녀의 드라마는 보는 것만으로도 너무 고통스러웠다. 모두들 용서 못 할 그녀의 아버지에 대해 분노하고 그녀를 동정했다. 분노와 복수 그리고 애증, 그녀의 드라마는 계속 같은 자리만 맴돌고 있었다. 사이코드라마를 열 번쯤 했을 때, 우리는 극중에서 그녀의 아버지를 죽이기로 했다. 그녀가 아버지가 죽어 간다는 소식을 듣고 찾아가는 장면을 설정한 것이다. 그리고 아버지의 죽음을 마주하면서 역할을 바꾸어 가며 서로 하고 싶은 말을 하고 유언을 하게 했다.

아버지가 죽어 간다는 연출가의 말을 듣고 그녀가 보인 반응은 놀라웠다. 갑자기 통곡을 하면서 무대로 뛰어올라가 절규하기 시작한 것이다.

"아직 아버지에게 복수할 것이 많은데, 아직 아버지에게 할 말이 많이 남았는데 벌써 죽으면 어떻게 하냐고요."

나를 비롯한 모든 참여자가 울음을 참지 못했다. 그리고 그녀는 아버지를 미워하고 죽기를 바라며 복수하려 했던 자신을 스스로 용서하면서 극을 마무리했다. 극이 끝나고 관객들과 함께한 자리에서 그녀는 놀라운 말을 했다.

"아직 아버지를 용서할 수는 없습니다. 우리 아버지는 용서받을 수 있는 사람이 아닙니다. 그러나 내가 아버지에 대한 미움 때문에 나 자신을 파괴하고 나의 현재와 미래를 잃어버리고 있다는 사실을 깨달았습니다. 이제는 나를 위해서라도 아버지를 그만 미워하고 복수하려는 것을 멈추어야겠습니다."

나는 다시 고개가 숙여졌다. '아, 저렇게 심각한 병을 앓고 있는 환자도 나보다 낫구나!' 그 환자는 자신뿐 아니라 사이코드라마에 참석한 우리 모두를 치료하고 있었던 것이다.

우리의 감정은 사탕을 더 달라고 보채는 어린아이 같다. 이성적으로는 도저히 할 수 없을 것 같은 일도 감정은 충동적으로 저질러 버린다. 어른으로서는 해서 안 되는 유치한 말과 행동도 감정에 휘말리다 보면 불쑥불쑥 튀어나와 다른 사람들에게 비수를 꽂기도 한다. 그러고는 곧 후회하고 얼굴을 붉히며 밤을 뒤척이지만 다음 날이면 똑같은 잘못을 또 저지른다. 잘못하고 후회하고 다시는 안 그러겠다고 다짐하고는 또 잘못을 저지르는 게 바로 우리네 살아가는 모습이다. 마치 "내가 잘못한다는 것은 내가 존재한다는 뜻이다"라는 말처럼….

　그러나 우리는 내가 한 잘못보다 다른 사람들이 내게 한 잘못을 더 예민하게 느끼고 오래 기억한다. 감정은 상당히 자기중심적이고, 만족을 모르며, 모든 것을 자기 위주로 받아들이려 하기 때문이다. 특히 어린아이는 아직 자아나 현실감이 충분히 발달하지 못해서 좌절이나 심리적 충격을 받았을 때 이해하고 처리하는 능력이 부족하다. 그래서 바로 격한 감정 반응을 보이며 상처가 깊고 오래 남는다. 이러한 상처는 어른이 되어서도 크고 작은 흔적을 남긴다. 마치 비 오거나 흐린 날이면 예전의 상처가 욱신거리고 쑤셔 오는 것과 같다.

　우리의 감정은 특히 안 좋았던 일에 대한 기억력이 뛰어나다. 살아오면서 경험한 수많은 일들 가운데 행복하고 좋았던 일은 당연한 듯 잊어버리고, 상처나 모욕 받았던 일을 두고두고 기억하면서 마치 30분 전에 일어난 일처럼 분노와 수치심을 느끼며 생생하게 반응하는 것이다.

분노나 화는 자신을 보호하려는 감정이다. 하지만 심한 분노에 사로잡히면 끝없이 되풀이되는 과거의 기억과 감정 때문에 더 이상 앞으로 나아가지 못한다. 그저 손상된 자존심을 회복하고 자신이 받은 상처를 되갚아 주려는 마음이 앞서서 정말 중요한 것들을 잃게 된다. 분노에 휩싸인 사람에게는 현재와 미래는 없고 오직 상처 입었던 과거만 있을 뿐이다.

"우리 부모가 나를 이렇게 만들었는데, 그들이 내게 한 행동의 결과를 꼭 보여 줄 거예요."

자식에 대한 집착이 과도했던 부모에게 자율권을 빼앗기고 상처받았던 한 환자의 말이다. 그는 부모에 대한 분노 때문에 꼭 복수하고야 말겠다는 생각으로 살았다고 했다. 그가 복수하는 방법은 자신을 망침으로써 부모의 꿈을 좌절시키고 부모가 틀렸다는 것을 증명하는 것이었다. 이처럼 분노가 통제되지 않으면 주변 사람들뿐 아니라 결국 자신마저 무참하게 파괴해 버린다.

우리는 자존심에 상처 입을 때 분노한다. 또 신체적으로나 물질적으로 부당한 손상을 입을 때, 불공평하다고 느낄 때, 무엇보다도 절실히 원하던 것을 얻지 못했을 때 분노한다. 그렇기에 분노는 어디에나 있다. 삶은 상실과 결핍과 부재를 빼놓고 얘기할 수 없으며, 누구나 이기적인 면이 있고, 삶은 공평하지 않은 경우가 더 많다.

몇 년 전 나도 어떤 사람에 대한 미움 때문에 한동안 시달린 적이 있었다. 누굴 미워하기 시작하니까 웃음을 잃게 되고 나중에는 식욕마저 떨어지고 불면증에 시달리게 되었다. 그러던 어느 날 새벽 서너 시까지 잠이 오지 않아 뒤척이다가 퍼뜩 '이러다 내가 망가지겠구나' 하는 생각이 들었다. 그가 내게 그리 중요한 사람도 아닌데 그에 대한 미움 때문에 나 자신을 파괴해서는 안 되겠다는 마음이 든 것이다. 그랬더니 솥단지처럼 부글부글 끓고 있던 내 속이 거짓말처럼 고요해졌다. 그 뒤로는 다시 단잠을 잘 수 있게 되었다. 나 역시 앞에서 소개한 여자 환자처럼 용서란 바로 나 자신을 위해서 하는 것임을 깨닫게 된 것이다.

용서란 내 마음에서 분노와 미움을 떠나보내는 작업이다. 그래서 내 마음이 다시 고요를 되찾아 더 이상 과거에 얽매이지 않고 현재와 미래를 바라보며 떠날 수 있게 하는 작업이다. 또 용서란 자신과 상대에 대해 품고 있던 이상을 접고, 현실 그대로의 모습을 인정하고 받아들이는 작업이다. 즉 상대도 나와 똑같은 어쩔 수 없는 인간이라는 사실을 받아들이고, 애정을 쏟아부을 가치가 없는 그에게 몰두했던 내 에너지를 거두어들이는 작업인 셈이다.

이러한 용서는 다른 사람을 향해서만 베푸는 것이 아니다. 우리는 우리 자신도 용서할 수 있어야 한다. 소설 《모리와 함께한 화요일》에서 루게릭병으로 죽어 가던 모리 교수가 제자인 미치에게 남긴 말처럼 말이다.

"우리가 용서해야 할 사람은 타인만이 아니라네, 미치. 우리 자신도 용서할 수 있어야 해. 여러 가지 이유로 했어야 했는데 하지 않은 일들에 대해서도 용서해야 하네. 일이 이리저리하게 되지 않았다고 탓할 수만은 없지. 나 같은 상황에 빠지면 그런 태도는 아무런 도움도 안 되네. 나는 언제나 '연구를 더 많이 했으면 좋았을 텐데', '책을 더 많이 썼으면 좋았을 텐데'라고 생각했네. 그 생각 때문에 나 자신을 질타하곤 했어. 이제 와 돌이켜 보면 그런 질타가 아무 소용없다는 것을 알겠어. 화해하게, 자기 자신과 주위의 모두와…. 자신을 용서하고 그리고 타인을 용서하게. 시간을 끌지 말게, 미치. 누구나 나처럼 그런 시간을 가질 수 있는 건 아니야. 누구나 다 이런 행운을 누리는 게 아니지."

내 슬픔을 등에 지고 가는 친구들에 대하여

살아오면서 우리 곁에는 많은 친구가 있었다. 지금은 이름도 얼굴도 가물가물하지만 어릴 적 소꿉놀이를 같이 했던 친구, 손 잡고 같이 학교에 다니던 친구, 영원한 우정을 맹세하며 비밀 노트를 나누었던 친구, 인생의 의미와 사랑을 논하며 밤새 술잔을 기울였던 젊은 날의 친구, 좌절과 절망 속에서 헤맬 때 나를 찾아와 내 이야기에 귀 기울여 주고 힘내라며 등을 두드려 주던 친구, 인생의 대소사마다 달려와 내 기쁨과 슬픔을 함께 나눈 친구, "너 참 괜찮은 녀석이다"라며 나의 삶에 빛나는 의미를 부여해 주던 친구….

학창 시절 만난 친구는 내가 살고 있는 테두리 안에서 만난 사람들이었다. 같은 동네에서 자라거나 같은 반이 되고, 같은 동아리를 하면서 만난 것이다. 그래서 만일 이사라도 가면 그 친구들과 멀어질 수밖에 없었다. 하지만 어른이 되고 나서 만나는 친구들은 내 의사에 따라 내가 선택한 친구들이다. 그래서 이때의 우정은 기본적으로 자유를 토대로 자라난다.

그리고 사춘기 때처럼 뭔가 절박해서 날마다 만나야 할 것 같은 강렬한 요소도 사라진다. 왜냐하면 이미 내 정체성은 확립되어 있고 내 안의 욕구들은 가족이나 직장 동료들을 통해 어느 정도는 해소하기 때문이다. 그래서 성숙한 친구 관계는 서로 의지하지만 서로에게 너무 많은 영향을 받지 않을 만큼 적절한 거리를 유지하게 된다. 때때로 갈등이 있지만 그래도 견딜 수 있으며 필요하다면 친구에게 따끔한 말도 한다. 그렇게 서로의 생각과 마음을 자유롭게 나누는 것이다. 그렇다고 친구의 중요성이 덜해지는 건 결코 아니다. 아무리 어른이 되었다 할지라도 인간은 모두 삶 앞에서 무력한 존재이기 때문에 삶의 무게를 함께 나눌 친구가 꼭 필요하다.

특히나 마흔이 넘으면 삶의 여정에서 샌드위치처럼 가운데 끼어 있는 상태로 위와 아래에서 동시에 오는 많은 요구를 감당해야 한다. 집안의 경제를 책임지고 아이들 뒷바라지하느라 허리가 휘지만 사람들은 그것을 당연한 일로 받아들인다. 힘겹다고 말하면 나 스스로 무능함을 인정하는 말처럼 들릴까 봐 어디 가서 한숨도 제대로 못 쉰다. 그러나 사람은 어린아이든 어른이든 노인이든 모두 전지전능한 신이 아니기 때문에 미처 해결하지 못하는 취약한 부분이 있다. 이럴 때면 나에게 버틸 힘을 주는 친구가 더욱 절실해진다.

한편 인생의 절반을 넘어서면 나와 배우자 모두 나이 듦으로 인해 성적 매력을 잃어 가게 된다. 그런데 이 자연스러운 변화를 받아들이지 못하면 부부 사이에 성생활을 피하게 되고 갈등이 생긴다. 또 부부 사이의 갈등을 해소해 주는 통로였던 자녀들이 떠나가면서 둘 사이에 새로운 긴장이 생겨나는데, 이를 잘 극복하지 못하면 부부 사이가 극단으로 치닫는다.

이럴 때 친구는 아무것도 요구하지 않으면서 내 이야기를 들어준다. 그리고 배우자나 아이들에게 받았던 상처를 다독여 준다. 그래서 동창회 등을 통해 옛 친구를 더 열심히 찾게 되고, 친구와 어울리는 일이 잦아진다. 친구야말로 공허함에 시달리는 나의 삶을 긍정해 주고 나의 삶에 의미를 부여해 주기 때문이다. 그리고 앞으로 어떻게 살아야 좋을지 방향을 모색할 때 기꺼이 동반자가 되어 주기도 한다.

인간은 관계 속에서 살아가고 관계 속에서 성장하는 법이다. 그런데 이 관계가 때론 너무 헐거워 우리를 외롭게 만들고, 때론 너무 밀착되어 우리를 질식하게 만든다. 그 사이의 간극을 메워 주는 게 바로 가까이 두고 오래 사귄 친구다. 혼자서는 살아가기 힘든 이 세상에서 나를 지탱해 주는 심리적 버팀목이 되어 주는 것이다. 그래서 인디언 속담 중에 "친구는 내 슬픔을 등에 지고 가는 자"라는 말이 있지 않은가.

그런데 우정은 사랑과 달리 필요하다면 서로 헤어져야 할 시기를 만나게 된다. 그렇게 만남과 이별을 반복하는 동안 우리는 성장한다. 이것을 인정하고 받아들일 줄 알아야 한다. 더구나 우정은 시간과 공간에 의해 형성되는 관계이니만큼, 시간과 공간에 의해 제약을 받는다.

그러나 이러한 우정의 속성이 우정의 가치를 깎아내리는 것은 아니다. 지금은 약간 소원한 사이라 할지라도 나와 한 시절을 공유하며 세상의 다리가 되어 준 친구가 있다면 그것만으로도 충분한 가치가 있다.

또한 상대를 있는 그대로 인정하고 배려해 주는 것, 모든 관계에는 때가 있고 한계가 있음을 인정하는 것, '나를 위해 죽을 수 있는 친구가 진짜 친구다'라는 우정에 대한 지나친 이상을 버리는 것, 이 모든 것을 배우고 난 뒤에야 우리는 비로소 서로에게 더 진정한 친구가 될 수 있다. 그렇게 얻어진 친구는 나를 참 잘알고 있으면서도 여전히 나를 좋아해 주는 사람이며, 인생에서우리가 누릴 수 있는 가장 값진 기쁨 중의 하나다.

나에게도 그런 친구들이 있다. 나는 요즘 아침에 일어나면 스마트폰의 대화창부터 확인한다. 밤새 오간 이야기가 궁금해서다. 자주 만나면서도 늘 소식이 궁금하고, 힘든 일이 있으면 내일처럼 걱정이 된다. 아무에게도 얘기하지 못한 속내를 털어놓고 서로 위안을 주고받는다. 그들을 생각하면 입가에 웃음이 번

지니 연애와 다를 게 없다. 그들은 바로 30년 만에 다시 뭉친 나의 고등학교 친구들이다.

고등학교 시절, 흔히 비슷한 아이들끼리 몰려다니기 마련인데 우리 여섯 명은 성적도 제각각, 성격도 제각각, 형편도 제각각이었다. 공통점이 있다면 키가 고만고만하다는 것과 누워 있길 좋아한다는 것이다. 내 학창 시절에는 새 학년이 시작되면 아이들을 키 순서대로 줄을 세워서 번호를 매겨 자리를 배정했다. 그렇게 친구 없는 낯선 반에서 앞뒤로 앉은 것이 계기가 되었다. 우리는 학교가 끝나면 매일같이 이 집, 저 집 몰려가 이불에 발을 묻고 드러누워 그 집의 간식을 다 먹어 치우며 수다를 떨었다. 틈만 나면 눕는다고 우리끼리 '눕잡스'란 별명도 붙였다.

'뭉치면 살고 흩어지면 죽는다'가 신조였는지, 우리는 딱풀로 붙여 놓은 것처럼 떨어질 줄 몰랐다. 좋아하는 선생님 이야기에 시간 가는 줄 몰랐고, 라디오에서 흘러나오는 음악에 가슴 설레어 했다. 또 엄마와 아빠, 세상에 대한 불만을 마음껏 쏟아 내고, 미워하고, 원망하면서 억눌린 불안과 스트레스를 풀었다. 마치 압력 밥솥에 증기 배출 구멍이 있어 폭발을 막듯이, 청소년 시기의 충동적이고 위험한 에너지를 수다로 다독였다. 그 시절 언니의 죽음을 친구들에게 밝히진 못했지만 극도의 긴장과 스트레스 속에서 무사히 고등학교를 마칠 수 있었던 것도 친구들과 보낸 시간 덕분이 아니었나 싶다.

그러던 친구들이 대학에 입학하고 각자의 길을 가면서 자연스럽게 연락이 뜸해졌다. 그러다가 아이들을 다 키워 내고 삶에 여유가 생기면서 다시 뭉치기 시작했다. 그런데 한 친구만은 연락이 끊겨 통 소식을 알 수 없었다. 안 좋은 일이 있나 모두들 걱정만 하고 있던 때 우연히 병원 주차장에서 그 친구를 마주쳤다. 그 후로 우리 그룹은 제 모양을 갖추기 시작했다. 톱니바퀴 하나가 빠져서 삐걱거리던 시계가 그 톱니를 찾아 경쾌하게 돌아가듯이, 우리는 예전의 활기를 되찾았다.

그런데 재미있는 점은 그토록 오랜 시간 못 보고 지냈음에도 얼굴도 성격도 무척 비슷하다는 거다. 취미로 찍던 물방울 사진들을 모아 작은 전시회를 열던 날, 나는 가까운 지인들을 불러 조촐한 파티를 열었다. 육총사가 모여 한참 수다를 떨고 있는데 지인이 다가와 나에게 물었다.

"선생님, 자매가 이렇게 많으신 줄 미처 몰랐네요."

순간 우리는 깔깔 웃음이 터졌다. 올망졸망한 키와 동그란 얼굴에 말투까지, 우리가 꼭 친자매처럼 비슷해 보였던 거다. 외모뿐이 아니다. 살아온 이야기를 듣다 보면 각기 다른 길을 걸어왔음에도 삶을 대하는 태도나 방식이 참으로 비슷해 놀라곤 한다.

정신분석 이론에 따르면 청소년 시기의 친구는 나를 비춰 보는 커다란 스크린 역할을 한다. 친구를 통해 정체성을 다듬고, 자아를 계속 구조화해 나간다. 이런 중요한 시기를 함께 보냈기에 우리는 인생에 대한 가치관과 태도를 형성함에 있어 알게 모르게 서로 영향을 주고받았을 것이다. 그래서인지 우리는 꿀떡같이 말해도 찰떡같이 알아듣는다. 미워하려야 미워할 수가 없다. 작가 생텍쥐페리는 친구에 대해 이렇게 말했다. "좋은 벗은 만들어지는 것이 아니다. 공통된 그 많은 추억, 함께 겪은 그 많은 괴로운 시간, 그 많은 어긋남, 화해, 마음의 격동…. 우정은 이런 것들로 이루어지는 것이다." 오래된 친구가 더욱 좋은 이유다.

사실 이 친구들이 없었다면 나는 병을 못 견뎠을 것 같다. 친구들은 좋았다 나빴다를 반복하는 내 상태를 늘 염려한다. 나는 친구들에게만은 솔직히 내 병을 이야기한다. 어떤 날은 "약 바꾸고 며칠 좋아져서 기대했는데 생체 밸런스가 깨져서인지 더 어지럽고 힘드네. 이 지루한 싸움이 언제 끝날까. 아님 익숙해질까"라고 메시지를 보냈고, 또 어떤 날은 "약 지속 시간이 줄어들고 있어. 약 기운이 떨어지면 그냥 뛰어내리고 싶을 만큼 괴로워. 그래도 내가 너희들을 두고 뛰어내릴 수 있나. 잘되겠지 하고 이 악물고 버티고 있다. 빨리 사람이 되고 싶다"라고 메시지를 보냈다. 때론 남편이나 아이들에게 받은 상처까지도 솔직히 털어놓는다. 친구들은 그럴 때마다 만사 제쳐 놓고 끝까지 내 이야기를 들어 주었고, 나는 그 고마움에 다시금 버틸 힘을 내곤 했다. 어쩌면 내가 아픈 와중에도 가족들에게 짜증을 부리지 않고 웃는 모습을 좀 더 많이 보여 줄 수 있었던 것도 그 친구들 덕분인지도 모른다.

여전히 우리 여섯 명은 집에 모여 이불 속에 발을 집어넣고 드러누워 간식을 까먹으며 수다를 떤다. 친구들이 아픈 나를 배려해 주로 우리 집에서 만난다는 점만 달라졌을 뿐이다. 30년을 뛰어넘어 회상에 잠기기도 하고, 현재의 어려움들을 토로하기도 하며, 미래를 계획하고 삶의 의미를 다시 생각해 보기도 한다. 그렇게 한바탕 이야기보따리를 풀어놓으면 아팠던 몸도 조금은 괜찮아진다.

성장통을 함께 겪어 내고 각자의 삶을 치열하게 살다가 노을이 보이는 생의 한 시점에 모인 우리들. 멋지게 나이 든 서로에게 감탄하고 기뻐하며 삶의 후반부를 좀 더 재미있고 의미 있게 꾸려 가자고 다짐하는 우리들. 앞으로도 우리는 손을 잡고 남은 인생을 함께 걸어갈 것이다. 마지막으로 내가 바라는 게 있다면 친구들과 좀 더 오래 보고 싶다는 것뿐이다.

내가 충고를 잘 하지 않는 까닭

　나는 언젠가부터 소설 《상록수》에 나오는, 변변한 의료 기구 하나 없는 시골에서 아파도 제대로 치료받지 못하는 사람들을 돌보는 의사가 되고 싶었다. 그런데 아버지는 여자가 하기엔 일이 너무 힘들다며 의과대학 진학을 반대했다. 하지만 나는 의사가 되고 싶어 고집을 부렸고 기어이 의대에 들어갔다. 그 일로 나는 집안에서 아버지의 고집을 꺾은 유일한 자식이 되었다.

　그런데 의대에 들어간 뒤 또 한 번 아버지와 부딪치게 되었다. 당시에는 연극을 한다고 하면 '딴따라'라고 얕잡아 보는 분위기였는데 그럼에도 나는 개의치 않고 의대 연극반에 들어갔다. 아버지는 공부도 벅찰 텐데 딸이 하필이면 딴따라를 한다고 설치니까 또 한 번 화를 냈다.

그러나 이미 연극에 미쳐 있던 나는 또 다시 아버지의 뜻을 거스를 수밖에 없었다. 방학 내내 공연 연습을 하러 가는데 토플 학원에 간다고 거짓말을 했다. 나는 그렇게 부모님의 반대에도 불구하고 하고 싶은 걸 했더랬다. 그런 내가 누군가에게 충고를 할 자격이 있을까.

충고는 기본적으로 '너는 틀렸다'는 뉘앙스를 품고 있다. 사람은 누구나 자기가 틀렸더라도 막상 지적하면 그 사실을 인정하기 싫어할뿐더러 청개구리처럼 엇나가고 싶어 한다. 나도 충고를 들으면서 엇나가고 싶은 마음을 느꼈었다. 그러니까 내가 충고를 하지 않는 첫 번째 이유는 내가 충고를 들었을 때 싫었기 때문이다. 내가 싫은 건 남도 싫은 법이다. 그리고 아무리 충고를 해 줘도 그 충고가 들리지 않을 때가 있다. 그럴 때는 듣고 싶은 말만 듣고 결국엔 자기가 하고 싶은 대로 하게 되어 있다. 그러니 충고는 웬만하면 하지 않는 것이 좋다.

그럼에도 누군가 잘못된 길을 간다고 하면 충고를 해 주고 싶은 마음이 드는 게 인지상정이다. 소중한 사람이 불을 향해 뛰어든다는데 왜 말리고 싶지 않겠는가. 예전에 누군가 물었다.

"선생님, 후배 때문에 자꾸 화가 나요. 그 후배가 고민이 있다고 찾아와서 하는 이야기를 들어 보니까 10년 전과 별로 달라진 게 없더라고요. 10년 전에도 비슷한 선택의 기로에 서서 저한테 조언을 해 달라고 왔었거든요. 세상에, 어떻게 10년 전에 했던 고민을 아직도 똑같이 하고 있을 수 있죠? 어쩌면 하나도 변한

게 없느냔 말이에요. 조금도 발전하지 않아서 놀랐고 너무 실망했어요."

가만히 말을 듣고 있던 나는 그녀에게 물었다.

"본인은 그때와 비교하면 많이 성장한 거 같아요?"

10년 전과 지금의 내가 달라져 있기를 바라는 것, 적어도 같은 문제를 놓고 똑같은 고민을 되풀이하는 게 아니라 더 현명하게 대처하고 싶은 것, 그것은 누구나 바라는 일이다. 하지만 사람이 쉽게 변하지 않는다.

나 또한 어떤 문제에 맞닥뜨렸을 때 10년 전 썼던 방법을 그대로 쓸 때가 있다. 다만 그때와 달리 지금은 '아, 또 내가 이러고 있구나'라며 먼저 알아차리고 스스로를 제어하는 힘이 조금 커졌을 따름이다.

그만큼 사람은 쉽게 변하지 않는다. 정신분석 치료의 과정이 그토록 오랜 시간과 반복 작업을 필요로 하는 이유도 인간이 자기 문제와 그 원인을 알았다고 해서 해묵은 문제를 곧바로 해결할 수 있는 게 아니기 때문이다. 대신 서서히 한 매듭씩 풀어 가는 와중에 사람은 성장하고 변한다. 그래서 누가 봐도 잘못된 길을 가려는 사람을 보면 화가 날 수 있지만 화를 내는 것은 문제 해결에 아무 도움이 되지 않는다. 그러므로 조언을 건넬 때는 상대방에게 이야기를 하되, 상대방이 내 말을 듣고 태도가 완전히 달라질 거라는 기대를 버리는 편이 낫다.

그리고 나는 상대방이 틀릴 수 있지만 나도 틀릴 수 있다는 사실을 잘 알고 있다. 내 충고가 옳을 수도 있지만 틀릴 수도 있다는 말이다. 그래서 레지던트들을 상대로 슈퍼비전을 할 때도 나는 일방적으로 충고하기를 삼갔다. 슈퍼비전 시간에는 레지던트들이 환자를 치료한 사례를 발표하면 내가 그에 대한 코멘트를 해 주면서 멘토 역할을 하게 되어 있는데, 나는 늘 첫 시간에 레지던트들에게 말했다.

"이 시간은 내가 가르치는 시간이 아니고 우리가 같이 배우는 시간입니다. 여러분이 새로운 시각을 가지고 있을 수도 있고, 나는 내 경험을 가지고 여러분이 생각하지 못했던 것들을 이야기해 줄 수 있으니까요. 그러니 서로의 생각을 나누면서 함께 답을 찾아가 봤으면 합니다. 그러기 위해서 여러분들이 해 줘야 할 게 하나 있습니다. 내가 어떤 말을 하든지 여러분은 'I don't think so'를 시작으로 자신의 의견을 말하는 겁니다."

내가 하는 말을 일방적으로 듣는 게 아니라 내 말에 "선생님, 제 생각은 다른데요"라는 말부터 시작하게 한 것이다. 그러면 레지던트 입장에서는 맞든 틀리든 자기 생각을 이야기할 수밖에 없고 스스로 답을 찾아가게 되어 있다. 만약 내가 일방적으로 가르치려 들었다면 그게 정답일지라도 그들이 자기 것으로 소화하지 못하고 튕겨 내 버렸을 것이다. 자기 스스로 얻은 답이 아니기 때문이다.

그러므로 누군가에게 충고를 하고 싶다면 그를 내 생각대로 통제할 수 있을 거라는 환상부터 버려야 한다. 어차피 그는 당신의 충고를 듣지 않을 것이다. 그러니 그냥 가만히 그의 이야기에 귀를 기울이고 난 후 조심스레 당신의 의견을 말해 주어라. 그리고 결정은 그에게 맡겨라. 그가 설령 잘못된 길을 선택하고, 나중에 후회할지언정 그것은 그의 몫일 뿐이다.

남에게 휘둘리지 않고 나를 지키는 법

"시어머니 때문에 미치겠어요. 어떻게 하면 좋을까요?"

"며느리가 나한테 어떻게 그럴 수 있어요? 나 같은 시어머니가 어디 있다고."

가끔 독자들이 나에게 이런 질문을 해 올 때마다 나는 매우 곤혹스러웠다. 나 또한 고부간의 갈등에서 자유롭지 못했기 때문이다. 내 시어머니는 남자와 여자가 같은 상에서 밥을 먹는다는 것을 생각조차 해 본 적이 없는 분이었다. 또 자수성가한 아들이 기특하기만 한데 그 아들의 뒷바라지를 해야 할 며느리가 결혼하고도 계속 일하는 걸 늘 못마땅해 했다. 군의관인 남편 월급만으로는 집안 살림을 꾸릴 수가 없는 형편이었는데도 말이다. 저녁상을 차려야 하는데 조금이라도 집에 늦게 가면 살얼음판을 걷는 것 같았다. 너무 속상해서 변명이라도 할라치면 어머니는 늘 그렇게 말했다. "내가 그것도 모르는 사람 같아?", "내가 애들도 하나 제대로 못 키우는 사람이냐?"

어느 날엔가는 딸의 머리를 자르고 들어왔는데 시어머니가 갑자기 버럭 화를 냈다. 손녀의 머리를 땋아 주는 게 당신의 낙인데 며느리가 감히 손녀의 머리를 단발로 잘라 버렸기 때문이다. 그 일로 시어머니는 사흘 동안 벽을 보며 누워서 식사를 거부했다. 그동안 나는 계속 잘못했다고 빌어야만 했다. 기가 막혔다. 내가 뭘 그렇게 잘못했기에 이렇게까지 시어머니에게 구박을 받아야 하는지 이해가 되지 않았다. 시어머니가 너무 밉고 화가 나 잠을 이루지 못했다. 매일 새벽까지 잠을 못 자고 끙끙거리던 어느 날 갑자기 '이러다 내가 죽겠다'는 생각이 들었다.

그 후 나는 살기 위해 나름대로의 해결 방법을 찾기 시작했다. 다음은 많은 시행착오 끝에 찾아낸 남에게 휘둘리지 않고 나를 지키는 법들이다.

1. 외워 버릴 것

시어머니와의 갈등을 해결하기 위해 내가 가장 먼저 선택한 방법이다. 처음에 나는 시어머니가 듣기 싫은 소리를 하거나 이해할 수 없는 행동을 하면 '어떻게 저럴 수가 있지?', '정말 왜 저러시는 거야?' 하며 짜증을 냈다. 시어머니를 이해하거나 상황을 논리적으로 납득하기 위해 무진장 애써 보기도 했다. 그런데 생각하면 할수록 이해는커녕 자꾸만 화가 나고 시어머니가 너무 미워 견딜 수가 없었다. 시어머니는 절대 바뀌지 않을 텐데 말이다. 그래서 어느 순간 외우기 시작했다. 시어머니가 듣기 싫은 소리를 해도 '우리 시어머니는 원래 저래' 하고 인정해 버렸던 것이다. 남편과 내가 쓰는 방의 장롱과 서랍을 자기 방식대로 정리해야만 직성이 풀리는 시어머니를 이해하려고 들면 나만 괴롭다. 결국엔 이해가 안 되니까 말이다. 대신 그냥 '시어머니는 그런 분이다' 인정해 버리면 나중에는 그냥 그런가 보다 하게 된다. '또 정리하셨구나'라며 대수롭지 않게 받아들이는 순간을 맞이하게 되는 것이다.

그래서 나는 엄마 때문에 고민하는 환자에게도 똑같은 처방을 내렸다. "어차피 안 고쳐질 텐데 그냥 외워 버리세요." 외우다 보면 시어머니가 이런 상황에서는 이렇게 말할 텐데, 저런 상황에서는 이런 행동을 보일 텐데 하는 패턴을 발견하게 된다. 그러면 더 나아가 어떤 말을 할지 예측이 가능해진다. 그 경지에 달하면 신기하게도 더 이상 상처를 받지 않게 된다. 시어머니가 뭐라고 해도 "아, 예" 하며 은근슬쩍 넘기게 되고, 시어머니가 곧 화를 낼 것 같으면 미리 선수 쳐서 다른 이야기를 꺼내 갈등 상황을 피하게도 되었다. 그러려니 인정하고 받아들이는 것이 부정적으로 보일 수도 있지만 나는 오히려 그것이야말로 나를 지키는 최소한의 방법이라고 생각한다. 만약 갈등 상황에서 '저 사람 왜 저래?'라며 열을 내게 되면 오히려 나를 잃어버리고 그에게 휘둘리게 된다. 그러니 안 고쳐질 사람인데 계속 얼굴을 보고 살아야 한다면 그냥 외워 버리는 게 낫다.

2. '~하는 척'이 필요한 때도 있다

사람들은 '~하는 척'을 굉장히 싫어한다. 솔직하지 못하고 가식을 떠는 행위로 생각해서다. 왜냐하면 보통 '~하는 척'은 내 자존심을 누르고 남들에게 맞춰 주거나 인정받고 싶을 때 하게 되는 행동이기 때문이다. 그런데 나는 그것이 나쁘게만 보이지는 않는다. '~하는 척'이 솔직하지 않은 것은 맞다. 그래서 나와 아주 가까운 사람이 내 얘기를 듣는 척만 할 뿐 속으로는 딴생각을 하고 있으면 화가 나고, 힘들어도 괜찮은 척하면 서운함을 느끼게 된다.

하지만 일 때문에 만난 사람들은 애초에 마음을 나누고 서로 친해지기 위해 만난 사이가 아니다. 그런 관계에서는 서로의 이익에 따라 관계 자체가 유동적으로 변하기 때문에 관계를 원만하게 가져가는 것이 좋다. 그 사람들에게까지 내 속마음을 솔직하게 내보이는 것은 결코 바람직한 행동이 아니다. 속으로는 싫어도 그걸 굳이 밖으로 내색할 필요는 없다는 말이다. 솔직한 게 최고라며 싫다고 말해 봤자 관계만 어그러질 뿐이다. 만약 부모가 아이들이 귀찮을 때마다 그걸 다 표현한다고 생각해 보라. 아이들이 얼마나 상처를 받겠는가. 자신의 감정을 솔직하게 인정할 필요는 있지만 그 감정을 만나는 모든 사람에게 다 표현할 필요는 없다. 그럴 때 유용한 것이 바로 '~하는 척'이다. 그것은 상대방에게 휘둘리는 게 아니라 내가 그렇게 맞춰 주는 것이다. 상황을 원만하게 풀어 가기 위한, 그래서 쓸데없이 에너지를 낭비하지 않기 위한 노력이다. 그러니 '~하는 척'이 옳지 않으니까 해서는 안 된다는 강박관념을 가지고 있다면 버리는 게 좋다. 때로는 솔직한 게 오히려 남에게 상처를 입히고 관계를 망치는 지름길일 수도 있기 때문이다.

3. 그가 당신에게 상처를 주고자 해도 당신이 받지 않으면 그만이다

누군가 나를 다짜고짜 비난한다고 해 보자. 그러면 이유가 무엇이든지간에 비난받는 것만으로도 모멸감과 수치심에 얼굴이 화끈거린다. 그러면 부당한 비난에 어떻게 대처해야 할까? 모욕을 준 상대에게 주먹이라도 날려야 할까, 아니면 나는 그런 말을 들어도 마땅하다며 도망치는 게 편할까? 로마의 역사가인 타키투스는 "비난에 화를 내는 것은 그 비난을 받을 만하다고 인정하는 것"이라 했다. 그러므로 주먹을 날리거나 상대에게 똑같이 화를 내는 것은 좋은 방법이 아니다.

그럴 때는 선물을 받았다고 한번 생각해 보라. 받고 싶지 않은 선물을 받았다면 돌려주면 그만이다. 누군가 나를 비난했을 때도 마찬가지다. 그게 부당하다면 그 비난을 받지 않으면 된다. 아무리 기분 나쁜 일이라도 그것을 받아들일지 말지는 나의 선택에 달려 있기 때문이다. 또 기분 나쁜 일을 당했을 때 우리가 맨 처음 받는 것은 '상처'가 아니라 상처를 받은 것 같은 '느낌'이다. 그러므로 '느낌'을 상처로 남길지 그냥 상대방에게 돌려주고 머릿속에서 지워 버릴지는 내 선택에 달려 있다. 물론 그는 당신이 그의 뜻대로 움직여 주지 않아 화가 나서 당신에게 상처를 주려고 작정했을 수도 있다. 모멸감을 안겨 주려고 벼르다가 사람들 앞에서 일부러 비난을 할 수도 있을 것이다. 하지만 그럼에도 그에 휘둘릴지 아닐지는 당신의 선택에 달려 있다. 그러니 누군가 상처를 주고자 해도 내가 그것을 받지 않으면 그만이다.

4. 더 이상 그가 당신을 함부로 대하지 못하게 할 것

그가 당신의 인생에서 중요한 사람이 아니라면 더 이상 고민하지 마라. 자책하지도 마라. 그가 당신을 함부로 대한다고 해서 당신이 못난 존재가 되는 것은 결코 아니다. 오히려 딱히 잘못을 한 것도 없는데 그가 당신을 괴롭힌다면 그가 못난 것이다. 그리고 그가 당신을 함부로 대하지 못하게 만들고 싶다면 그와의 관계를 풀기 위해 너무 애쓰지 말고, 거기에 쓸 에너지를 당신을 업그레이드하는 데 썼으면 좋겠다. 기술을 연마하고, 실력을 키우는 데 집중해서 그 사람 위로 올라가 버리는 것이다. 그러면 그는 설령 뒷담화를 할지언정 앞에서 대놓고 당신을 함부로 대하지는 못할 것이다. 게다가 어떤 이유로든 당신 자신의 실력을 키우는 데 집중하면 그것이야말로 당신을 지켜 줄 든든한 버팀목이 되어 줄 것이다.

공부의 즐거움에 대하여

"엄만 어쩌다 아빠랑 결혼했어? 당장 헤어져."

철없던 사춘기 시절 나는 고지식하고 완고한 아버지가 너무 불합리하고, 아버지에게 늘 순종하는 어머니가 너무 답답해 보여 자주 이렇게 말하곤 했다. 아버지는 고지식한데다 원리 원칙을 따지는 분이었다. 어느 정도였느냐면 수학 문제 하나를 물으면 정좌부터 가르쳤다. 그다음엔 연필 깎고 지우개 준비하고 공책을 똑바르게 놓아야 했다. 자세가 올발라야 공부가 된다는 신조를 가지고 있는 탓에 준비에만 30분이 걸리고, 수학을 가르쳐주는 건 그다음이었다. 그러니 내가 오죽 답답했겠는가.

이렇게 원칙주의자인 아버지는 책을 무척 좋아해서 집에는 언제나 책이 많았다. 당시 100권짜리 세계 문학 전집이 집에 있었는데 나는 초등학교 때부터 그 책들을 읽기 시작했다. 내가 책 읽기를 좋아하는 걸 본 아버지는 퇴근길에 가끔 서점에 들러 책을 사오곤 했다. 놀 거리가 마땅치 않던 시절이라 아버지가 사온 책들은 가뭄에 단비 같았다. 방학 때는 하루에 한 권씩 읽어 댔다. 그리고 "아버지 다 읽었어요" 하면 아버지는 벌써 다 읽었냐고 좋아하며 책을 사다 주었다.

덕분에 나는 《플루타르코스 영웅전 전집》과 《여자의 일생》, 《유리알 유희》, 《팡세》 등 다양한 책들을 독파할 수 있었다. 그중에서도 《제인 에어》나 《오만과 편견》처럼 좋아하는 소설은 열 번이고 스무 번이고 반복해서 읽었고, 법정 스님의 《무소유》와 루이제 린저의 《생의 한가운데》, 그리고 전혜린의 《그리고 아무 말도 하지 않았다》도 몇 번씩 읽었다. 아인슈타인의 상대성 이론도 무슨 소린지 이해가 잘 되지는 않았지만 열심히 읽었다. 그렇게 책이 좋던 시절이었다.

어린 나이였지만 책을 읽으면서 나는 인간의 본성과 사람의 마음을 어렴풋하게 들여다보았다. 등장인물들의 욕망과 실수, 고통과 구원은 하나같이 너무 강렬해서 무서울 정도였다. 그래도 결말이 궁금해 책을 놓을 수 없었고, 다 읽고 나면 주인공들이 어느 정도 이해가 되었다. 아마 나는 책을 통해 억압된 욕망과 누가 볼세라 꼭꼭 숨겨 놓았던 판타지를 분출했던 것 같다. 그 덕에 세상과 사람을 보는 눈이 조금은 깊어진 게 아닐는지.

그렇게 책을 좋아했던 것과는 별개로 나는 학교 공부엔 별로 재미를 붙이지 못했다. 시험과 성적에 대한 부담감 때문에 공부를 즐기지 못한 것이다. 그래서 얼른 대학에 가고 싶었다. 대학교에 입학만 하면 지긋지긋한 공부는 더 이상 안 해도 되는 줄 알았으니까. 그런데 웬걸, 대학에 들어가니 고등학교 때보다 공부해야 할 게 훨씬 많았다. 수없이 많은 뼛조각과 힘줄의 이름을 외우며 나는 '정신과 의사가 되려는 데도 이런 것까지 배워야 하는 거야?'라며 투덜거렸다. 그렇게 수험생보다 더 바쁜 의과대학을 다니면서 생각했다. '전문의만 따면 이제 정말 공부는 끝이겠지? 이제 배운 걸 평생 써먹으면서 살면 된다!'라고.

그런데 참 이상한 일이다. 내 평생 공부가 가장 재미있었던 시절은 다름 아닌 전문의를 딴 직후였으니 말이다. 시험도 없으니 공부를 해야만 하는 이유가 딱히 있었던 것도 아니었다. 그런데 공부에 대한 압박이 사라지자 오히려 공부가 재미있어졌다. 본격적인 인간 심리에 대한 공부는 진작부터 궁금했던 분야여서 그런지 한번 시작하면 시간 가는 줄 몰랐다.

그래서 서른이 넘은 나이에 일하랴 애 키우랴 살림하랴 빠듯한 하루를 마치면 무척 피곤한데도 밤 11시경부터 새벽까지 책을 펴 들고 공부를 했다. 누가 시켜서 하는 공부였다면 분명 책을 편 지 10분 만에 몸을 배배 꼬며 딴생각을 했을 게 틀림없다. 어쩌면 책을 펼쳐 보기는커녕 피곤하니까 아이를 재우다 같이 잠들어 버렸을지도 모른다.

그런데 사람의 마음을 이해하는 공부는 하면 할수록 너무도 흥미로웠다. "와, 재미있다"라는 말이 저절로 나왔다. 그동안 그렇게 답답하고 화가 났던 이유는 모르기 때문이었고 그 해답은 공부에 있었다. 공부를 통해 종잡을 수 없는 나의 마음을 알게 되고 도무지 이해할 수 없는 타인의 마음을 조금이나마 이해하게 되니, 주변 사람들과 관계를 이어 나가고 환자를 치료함에 있어서도 좀 더 폭넓은 시각을 갖게 되었던 것이다. 그리고 적어도 몰라서 저지르는 실수들은 조금이나마 줄일 수 있었다.

'아, 이래서 사람들이 아는 것이 힘이라고 말하는구나.'

사람은 누구나 본연의 호기심을 가지고 있다. 어린아이들을 보라. 누가 시키지 않아도 궁금하면 만져 보고 맛보고 흔들어 보지 않던가. 아이들은 보상이 없어도 무엇이든 놀이로 승화시켜 하던 것도 더 잘하려고 애쓴다. 순전히 호기심 덕분이다. 그러나 점차 부모님과 학교의 통제에 길들여지면서 당근이나 채찍을 내밀지 않으면 공부에 별다른 흥미를 못 느낀다. 그렇게 공부도 억지로 하고, 일도 시켜서 하게 되면 삶이 전반적으로 지겹고 무기력해진다. 내적인 호기심에 따라 알려고 애쓰는 본능 자체를 잊게 되는 것이다.

다행히 나는 너무 늦지 않게 다시 배우는 기쁨을 만끽할 수 있었다. 그리고 공부를 하며 나의 세계를 확장하고 나니 공부의 영역도 점점 더 넓어졌다. 책을 보는 것도, 직장에서 일을 하는 것도, 두 사람이 만나 결혼 생활을 하는 것도, 아이를 키우는 것도, 사람들과 원만하게 잘 지내는 것도, 하물며 옷 입는 것과 화장하는 것도 다 공부였다. 세상과 부딪치고 사람과 부딪치며 내가 어떤 사람인가를 알았고, 다른 사람을 이해하는 법을 배웠고, 나 자신을 조금 더 사랑할 줄 알게 되었으니까. 그렇게 65년 넘게 살고 보니 산다는 것 자체가 공부임을 깨달았다.

그래서 나는 당신도 시켜서 하는 공부가 아닌 내면의 호기심에서 비롯된 공부의 즐거움을 느껴 보았으면 한다. 그것이 춤이든, 음악이든, 운동이든, 무엇이든 좋다. 하고 싶어 하는 공부는 호기심의 영역을 점점 넓혀 주고 인생 전반에 생기를 불어넣는다. 그래서 그저 재미로 인문학 강좌를 듣거나 취미 활동에 열심인 나이 지긋한 어르신들의 얼굴이 꼭 청소년처럼 해맑지 않던가.

로마의 정치가 카토는 여든의 나이에 그리스어를 배우기 시작했다. 그리스의 역사가 플루타르코스 역시 여든 살에 라틴어를 배우기 시작했고, 그리스의 철학자 소크라테스는 예순을 넘긴 나이에 악기를 배우기 시작했다. 또 아흔 살의 나이로 생을 마친 미켈란젤로의 좌우명은 "나는 아직도 공부한다"였다고 한다.

죽을 때까지 알고 싶고 성장하고 싶은 게 인간이다. 또 즐기려고만 한다면 공부야말로 기력이 달리고 활동 반경이 좁아지는 노년에도 인생을 재미있고 보람차게 살 수 있는 비결이다. 하지만 이 또한 젊은 시절부터 갈고닦지 않으면 나이 들어 즐기기가 어렵다. 그러니 너무 늦기 전에 호기심을 발동시켜 공부의 세계를 탐험해 볼 일이다.

나는 앞으로 어떤 공부를 하며 남은 생을 즐기게 될까. 사람의 마음이 궁금한 나는 세상 온 천지가 공부거리니, 공부가 끝날까 봐 걱정할 일은 면해 참으로 다행이다.

내 말에 귀 기울여 주는 사람이 있다는 것,
그 행운에 대하여

국립정신병원에서 근무할 때의 일이다. 매일 점심시간만 되면 전화를 거는 환자가 몇 명 있었다. 밥 먹고 좀 쉬려고 하면 어김없이 전화벨이 울렸다. 또 그 환자들이었다.

"선생님, 오늘 동생하고 싸웠어요. 걔가 나를 무시해서 속상해요."

"많이 속상하겠네요. 어떻게 해요?"

"뭐 그래도 언니인 제가 참아야죠."

"그래요. 잘 생각했어요."

그러면 환자는 한층 밝아진 목소리로 전화를 끊었다. 혼자 말하고 혼자 대답하고 나보고 고맙단다. 나는 그냥 이야기를 들으며 그저 힘들었겠다, 속상했겠다는 말만 했을 뿐이고 아무런 해

답을 준 것도 아닌데 말이다. 그들에겐 자기 말을 들어 주고 맞장구쳐 줄 사람이 필요했던 거다. 만약 내가 섣불리 "당신이 언니니까 참아야죠" 했으면 환자가 반발을 했을지도 모른다. 왜냐하면 환자가 원한 것은 답이 아니라 자기 말을 그냥 들어 주는 것이었기 때문이다. 게다가 답은 환자도 이미 알고 있지 않은가.

우리는 모두 자신의 이야기를 들어 줄 사람을 필요로 한다. 누군가 나의 말에 진지하게 귀 기울여 주면 내가 중요한 사람이며 이런 일을 겪는 내가 결코 이상한 사람이 아님을 확인하고 안심한다. 그리고 상대방이 도움이 될 만한 조언을 해 주지 못하더라도 그저 관심을 가지고 들어 주면 내 이야기를 쭉 풀어놓으면서 스스로 문제를 정리하고 해법을 찾아간다. 비록 문제가 해결된 게 아니더라도 다시 살아갈 힘을 얻게 되는 것이다.

하지만 현대사회에서 사람들은 타인을 잘 믿지 못한다. 내가 속마음을 털어놓으면 상대방이 그것을 빌미로 나를 공격할지도 모르는데 어떻게 선뜻 이야기하겠는가. 뒤통수 맞을 각오를 한 게 아니라면 말이다. 그런데 더 안타까운 사실은 공격받을 각오를 하고 내 이야기를 하려고 해도 그걸 가만히 들어 줄 사람을 찾기가 쉽지 않다는 것이다. 요즘은 어떻게든 자기를 어필해야 하는 시대다. 내 생각을 빨리 이야기해서 남들에게 인정받아야지, 말을 안 하고 있으면 아무도 나를 봐 주지 않는다. 그래서 누구나 자기 이야기만 하려고 하지 남의 이야기를 들으려 하지 않는다. 남의 이야기를 듣고만 있는 사람은 바보라고 불리기 십상이다.

그러면 우리는 과연 누구에게 내 이야기를 들어 달라고 해야할까? 왜 우리는 타인을 믿지 못하면서도 내 이야기를 들어 줄 누군가를 간절히 바라는 걸까? 일본을 대표하는 작가 히가시노 게이고의 《나미야 잡화점의 기적》은 바로 그 문제를 다루고 있는 소설이다.

어느 날 젊은 좀도둑 삼인방 아쓰야, 고헤이, 쇼타는 빈집을 털러 갔다가 별 소득 없이 도망쳐 나온다. 설상가상으로 차가 고장나 그들은 할 수 없이 30여 년간 폐가로 있던 나미야 잡화점으로 피신을 하게 된다. 그들은 같은 보육원 출신으로 중·고등학교를 같이 다녔고, 날치기, 소매치기, 자판기 털이 등을 함께한 사이였다. 고등학교를 졸업한 뒤에는 나쁜 짓을 그만두고 각자 가전제품 판매점과 부품 공장, 자동차 수리 공장에 다니며 열심히 살았는데, 해고를 당하고 회사가 갑자기 문을 닫는 등의 이유로 셋다 지금은 백수다. 그래서 누가 먼저랄 것도 없이 빈집 털이에 나섰다가 나미야 잡화점에 숨어들게 된 것이다.

그런데 원래 나미야 잡화점의 주인이었던 할아버지 앞으로 의문의 편지 한 통이 도착한다. 알고 보니 그 가게는 고민을 상담하고 해결해 주어 인기를 끌던 곳이었다. 고민이 있으면 그걸 편지에 써서 가게 앞 셔터의 우편함에 넣으면 다음 날 할아버지가 집 뒤편의 우유 상자에 답장을 넣어 주었던 것이다. 그런데 하필이면 30년이 지나서, 할아버지도 돌아가시고 없는데 좀도둑 세

명이 '달 토끼'라는 사람으로부터 상담을 요청하는 편지를 받게 된다. 아쓰야는 고민 상담에 답해 주고 싶다는 고헤이와 쇼타에게 말한다.

"어떻게든 도와주고 싶다고? 웃기는 소리 하고 있네. 우리 같은 놈들이 뭘 할 수 있는데? 돈도 없지. 가방끈 짧지. 백그라운드도 없지. 우리가 할 수 있는 일은 쩨쩨하게 빈집이나 털고 다니는 정도야. 제 앞가림도 못하는 주제에 남의 고민을 상담해 주다니, 그게 말이 되는 소리냐고."

하지만 고헤이의 생각은 달랐다.

"아니, 몇 마디만 써 보내도 그쪽은 느낌이 크게 다를 거야. 내 이야기를 누가 들어 주기만 해도 고마웠던 일, 자주 있었잖아. 이 사람도 자기 얘기를 어디에도 털어놓지 못해서 힘들어하는 거야. 별로 대단한 충고는 못 해 주더라도 당신이 힘들어한다는 건 충분히 알겠다, 어떻게든 열심히 살아 달라, 그런 대답만 해 줘도 틀림없이 마음이 조금쯤은 편안해질 거라고."

작가인 히가시노의 표현을 따르자면 좀도둑들은 "타인의 고민 따위에는 무관심하고 누군가를 위해 뭔가를 진지하게 생각해 본 일이라고는 단 한 번도 없었던 사람들"이었다. 다만 그들은 정말로 열심히 이야기를 들어 주었을 따름이다. 그런데 신기하게도 사연을 보낸 사람들은 그들에게 고맙다고 말하며 자신의 문제를 풀어 나간다.

정신 치료에서 자주 쓰는 말이 있다. "No comment is better

than any comment." 굳이 풀자면 아무 말 안 하고 가만히 들어 주는 것이 그 어떤 말을 해 주는 것보다 더 도움이 된다는 말이다. 나미야 할아버지 말대로 사람들은 이미 답을 알고 있다. 그러므로 우리가 누군가에게 고민을 털어놓는다는 것은 답을 구하기 위해서가 아니다. 우리가 원하는 건 좀도둑일지라도 그저 내 말을 가만히 귀 기울여 들으면서 '그렇다'고 고개를 끄덕이며 응원해 줄 사람이다.

하지만 듣는 작업은 그리 쉬운 일이 아니다. 중간에 참견이나 비판을 하지 않는 것도 힘들고, 듣는다는 자체가 많은 에너지를 필요로 하는 작업이기 때문이다. 그래서 정신건강의학과 의사들도 환자를 볼 때 한 시간에 열 명을 보는 게 쉽지, 한 명의 이야기를 집중적으로 듣는 게 더 어렵다는 이야기를 한다. 그러므로 만약 당신에게 그런 사람이 있다면 당신은 굉장한 행운아다. 그런 존재가 있다는 사실만으로도 감사해야 할 일이다. 그런데 기왕이면 당신이 그런 존재가 되어 보면 어떨까.

"지금까지 살아오면서 오늘 밤 처음으로 남에게 도움이 되는 일을 했다는 실감이 들었어. 나 같은 게, 나 같은 바보가."

좀도둑 고헤이가 상담을 하면서 문득 내뱉은 말이다. 듣는다는 것만으로도 쓸모 있는 사람이 된다는 것, 그것은 경험해 보지 않은 사람은 결코 모를 일이다.

그냥 재미있게 살자고 마음먹었을 뿐이다

　요양차 제주도에 머물 때의 일이다. 지인과 이중섭 거리를 걷고 있는데, 어디선가 음악 소리가 들려왔다. 아버지와 아들이 기타와 바이올린을 연주하고 있었다. 사람들이 모여 있었지만 다들 무표정한 얼굴로 음악을 들을 뿐이었다. 그런데 우리는 연주가 끝날 때마다 "브라보!"를 외치며 박수를 쳤다. 우리 둘의 응원이 통했는지 구경만 하던 사람들도 박수를 치기 시작했고, 점점 더 많은 사람들이 모여들었으며, 두 연주자의 얼굴은 밝아지면서 더욱 열정적으로 연주를 했다. 바이올린을 켜는 아들이 얼마 전 여자 친구와 헤어졌다며 그때 많이 연주했던 음악을 들려주겠다고 했다. 우리는 또 외쳤다.

　"잘 헤어졌어요! 더 좋은 여자 만날 거예요."

좌중은 웃음바다가 되었고 아들은 활짝 웃었다. 사람들은 연주에 맞추어 노래를 불렀고, 그날의 연주는 해가 저물도록 끝날 줄을 몰랐다. '누가 길거리 공연을 하나 보다' 하고 지나칠 수도 있었다. 그냥 몇 곡 듣고 '잘하네' 혼자 생각할 수도 있었다. 그런데 호응해 주고 감탄해 주면 그 순간의 즐거움은 몇 배가 된다. 간단한 몇 마디로 몇 배의 행복을 느낄 수 있다니, 세상에 이만큼 남는 장사가 어디 있겠는가.

사실 이는 모두 그날그날의 재미를 잃지 않으려는 내 노력들이다. 우리의 일상은 쳇바퀴처럼 굴러간다. 특별한 일도, 재미있는 사건도 별로 없다. 게다가 나 같은 경우 좋았다 나빴다 반복하는 병을 죽을 때까지 안고 살아가야 하기 때문에 매일 삼시 세끼 약을 챙겨 먹고, 운동을 하고, 고기류를 아예 먹지 않는 등 병을 이겨 내기 위한 노력을 쉼 없이 해야 한다. 그래서 가끔은 정말 지칠 때가 있다. 특히나 고통이 가시기는커녕 심해지는 날엔 아무리 마음을 다잡으려 해도 우울해지기 십상이다. 하지만 그럴 때조차도 고통스럽다 생각하며 누워만 있는 것보다는 소소한 삶의 재미를 만들어 가는 것이 훨씬 좋았다. 일어나서 하고 싶은 일들을 생각하고, 또 그걸 어떻게 하면 더 재미있게 할 수 있을지 떠올리는 것만 해도 좋았으니까. 컨디션이 좋은 날엔 예쁜 옷을 꺼내 입고는 외출을 하고, 컨디션이 안 좋아 누워 있는 날에도 키우는 꽃과 나무에 새로 핀 잎사귀는 없는지 살펴본다.

내 재미 목록 중에는 사진도 들어 있다. 원래 사진 찍기를 좋아해서 나는 여행 가면 늘 '찍사'를 맡았다. 그런데 우연히 찍은 물방울 사진을 크게 확대해 인화해 봤는데, 물방울 안에 온 세상이 비춰져 담겨 있음을 발견했다.

'이렇게 작은 물방울 안에 내가 미처 발견하지 못한 세상이 있구나.'

그때부터 나는 물방울 사진 찍기에 취미를 붙였다. 온갖 물방울들이 내 눈에 포착되었다. 아스팔트 사이에 고인 빗물부터 꽃잎에 맺힌 이슬까지, 찍어도 찍어도 소재가 고갈되지 않으니 참 신이 났다. 그리고 사진을 찍으면서 또 한 번 깨달았다. 세상은 내가 보고 싶어 하는 만큼 보여 준다는 걸, 그러니까 재미있게 살고자 마음먹은 사람에게 이 세상은 재미투성이라는 걸.

나이를 먹을수록 대부분의 사람들이 사는 게 별로 재미가 없다고 말한다. 웬만한 일은 다 겪어 봤기에 호기심이 안 생긴다는 것이다. 먹고 싶은 것도 별로 없고, 하고 싶은 것도 별로 없다면서, 뭐 신나는 일 없냐고 묻는다. 하지만 오금이 저릴 만큼 재미있는 일은 우리 인생에서 그다지 자주 일어나지 않는다. 대부분은 평범한 일상이 이어질 뿐이다. 그리고 무엇이든 재미없다고 말하는 사람들은 실은 자신감이 없는 경우가 많다. 해 봤자 두각을 나타내지 못할 거라는 걱정, 잘해야 한다는 강박관념이 무엇이든 시도해 보기를 주저하게 만든다. 그 결과 그들은 어떤 일에도 쉽사리 호기심을 갖지 못한다.

하지만 그렇게 걱정하는 동안 우리는 그날 누릴 수 있는 진짜 재미를 놓쳐 버리고 만다. 우리가 하는 걱정의 40퍼센트는 결코 일어나지 않을 일이고, 30퍼센트는 이미 일어난 일들에 관한 것이며, 22퍼센트는 아주 사소한 걱정들이고, 4퍼센트는 우리가 전혀 손쓸 수 없는 일들에 관한 것이라고 한다. 나머지 4퍼센트만이 우리가 정말로 걱정해야 하는 일이다. 그럼에도 불구하고 쓸데없는 96퍼센트의 걱정과 불평불만에 시간과 에너지를 쏟느라 정작 오늘을 즐겁게 보내지 못하고 만다. 그에 대해 인도의 명상가 오쇼 라즈니쉬는《장자, 도를 말하다》에서 이렇게 말한다.

"삶은 경험이지 이론이 아니다. 삶에는 해석이 필요없다. 삶은 살아야 하고 경험해야 하고 누려야 하는 것이다. (중략) 매 순간 삶이 그대의 문을 두드린다. 하지만 그대는 머리로 궁리하고 있다. 그대는 삶에게 말한다. '기다려라. 내가 문을 열어 주겠다. 그러나 먼저 결정 내릴 시간을 달라.' 삶은 결코 일어나지 않는다. 평생토록 삶이 그냥 왔다가 간다. 그대는 살아 있지도 않고 죽어 있지도 않은 채 다만 고달프게 질질 끌려갈 뿐이다."

그러니 이제 그만 생각만으로 지쳐 버리는 삶에서 벗어나면 어떨까. 오쇼의 말처럼 삶은 그냥 살아야 하고 경험해야 하고 누려야 하는 것이다.

2년간 인적이 드문 숲에서 홀로 생활하며《월든》을 쓴 사상가 헨리 데이비드 소로는 한 사람이 평생 탐구하고 즐길 수 있는 영역은 결코 반경 10마일(약 16킬로미터)을 넘지 않는다고 말했다. 즐기려고 마음먹은 사람의 눈에는 새롭고, 신기하고, 감탄할 만한 일들이 수없이 발견된다는 뜻일 게다. 이는 마치 연애를 하는 것과 비슷하다. 연애를 막 시작할 때는 사랑하는 사람에게 참 많은 것을 물어본다. 그에 대해 궁금한 것이 너무 많기 때문이다. 상대가 좋아하는 영화를 보고, 상대가 좋아하는 음악을 들으면서 그에 대해 더 많이 알려고 노력한다. 그렇게 촉각을 곤두세우다 보니 상대의 머리 스타일이 조금만 바뀌어도 귀신같이 알아채고 "예쁘다", "멋있다" 감탄사를 연발한다. 그리고 그에 대해 새롭게 발견한 것들을 알려 주려고 애쓰게 된다. 그러면 서로 기분이 좋아지고 더욱 섬세해지고 더욱 서로를 사랑하게 된다. 마찬가지로 우리가 재미를 발견하려고 노력한다면, 감탄하고 즐길 준비가 되어 있다면, 세상엔 즐거운 일투성이며 인생은 더욱 신나고 재미있어진다.

삶이 힘들고 어렵고 좀체 나아질 것 같지 않아 보여도, 어느 때나 즐길 거리는 분명히 있다. 그리고 즐길 거리가 다양한 사람일수록 불가피한 불운과 불행 또한 잘 버틸 수 있다. 2차 세계 대전 중 유대인 수용소에 포로로 잡혀가 매일 수백 명의 유대인들이 소리 없이 불태워지는 광경을 목격해야만 했던, 그리고 정작 자신도 언제 죽을지 몰랐던 빅터 프랭클. 그는 수용소에서 살아남아 그 경험을 토대로 '로고테라피'를 창시했는데 수용소에서의 하루를 다음과 같이 남겼다.

어느 날 저녁이었다. 죽도록 피곤한 몸으로 막사 바닥에 앉아서

수프 그릇을 들고 있는 우리에게 동료 한 사람이 달려왔다. 그리고는 점호장으로 가서 해가 지는 멋진 풍경을 보라는 것이었다. 밖에 나가서 우리는 서쪽에 빛나고 있는 구름과, 짙은 청색에서 핏빛으로 끊임없이 색과 모양이 변하는 구름으로 살아 숨쉬는 하늘을 바라보았다.

진흙 바닥에 패인 웅덩이에 비친 하늘의 빛나는 풍경이 잿빛으로 지어진 우리의 초라한 임시 막사와 날카로운 대조를 이루고 있었다. 감동으로 인해 잠시 침묵이 흐른 뒤, 누군가 이렇게 말했다.

"세상이 이렇게 아름다울 수도 있다니!"

오늘 죽을지 내일 죽을지 한 치 앞도 모르는 수용소에서조차 세상의 아름다움을 발견했듯, 어느 때고 감탄할 만한 일은 반드시 있게 마련이다. 그래서 나는 사는 게 너무 재미없다는 당신에게 삶과의 연애를 권한다. 삶과 연애해 보라! 생각하고 또 생각하면 모두 뻔한 일일지도 모른다. 그러나 생각을 멈추고 그냥 삶을 살아 보면, 연애하는 마음으로 기대와 설렘을 가진다면, 세상은 당신이 미처 생각지 못한 새로운 모습을 보여 줄 것이다. 또한 당신이 그 세상을 보고 감탄한다면 무의미한 오늘이 신나고 재미있는 하루가 될 수 있을 것이다. "브라보!"라는 감탄사 하나로도 연주 분위기가 바뀌고 연주를 구경하는 사람들의 마음이 바뀌는 게 인생이니까 말이다.

CHAPTER 4

마흔 살에 알았더라면
더 좋았을 것들

아버지의 죽음 앞에서

　몇 년 전 멀리 살고 있는 친구의 부음 소식을 들었다. 너무 멀리 있어서 마지막 가는 길 인사도 못 하고 그저 친구가 가 버린 먼 하늘을 보며 잘 가라고 울음 섞인 인사말만 흩뿌릴 뿐이었다. 10대 시절 매일매일 붙어 다니다가 대학에 가며 자주 볼 수 없게 되었지만 생각만 해도 늘 든든했던 친구, 유난히 힘든 날 "바쁘지?"하며 전화하거나 메일을 보내면 늘 "힘내"라고 말해 주던 친구, 서로 사는 게 바빠 자주 보지 못하고 가끔 날아오는 소식 한 조각씩 붙잡고 서로의 안부를 확인하던 친구. 그 친구와 못다 한 이야기가 너무 많은데, 생활이 우리를 놓아 주면 만나서 사는 이야기나 나누자고 약속했는데, 친구는 뭐가 그리 급했는지 그 약속을 뒤로 하고 먼 곳으로 떠나 버렸다.

그토록 많은 죽음을 만나고, 그토록 많은 이별을 했지만 아무리 해도 익숙해지지 않는 게 바로 이별인 것 같다. 모든 이별은 마치 처음 맞이하는 이별처럼 낯설고 고통스럽다. 그래서 어린 새색시가 갓난아기를 안고 쩔쩔매듯이 매번 이별을 어떻게 안아야 할지 몰라 쩔쩔매게 된다. 그리고 이별을 경험하는 것은 너무 아픈 일이다. 자갈밭에 넘어지기라도 한 것처럼 여기저기 쓰라리고 아프다. 그래서인지 매년 가을마다 제 몸에서 나뭇잎을 떼어 내는 이별의 고통을 묵묵히 견디는 나무를 볼 때마다 숙연해진다.

문득 먼저 가 버린 친구가 못 견디게 보고 싶고 미안해진다. 조금만 더 자주 만날걸, 조금만 더 같이 있어 줄걸…, "네가 내 친구여서 참 좋다"라는 말을 자주 해 줄걸 왜 나는 모든 것이 다 지나간 뒤에야 후회를 하는 걸까? 조금만 더 서로에게 충실했다면, 조금만 더 많은 것을 나누었다면 지금처럼 이별이 아프지는 않았을 텐데, 그랬다면 우린 서로가 나누었던 시간과 마음을 가슴에 품고 아쉽지만 따뜻하게 이별할 수 있었을 텐데….

후회와 회한으로 이별을 낯설고 고통스럽게 만드는 것은 바로 나 자신의 무관심과 이기심이었다. 친구와 함께할 수 있었던 수많은 시간에 나는 무엇을 했던 걸까. 그렇게 이별의 고통으로 아파할 때면 어머니가 해 준 이야기가 떠오른다.

"갈 사람은 가는 거고, 남은 사람은 사는 거고."

자식의 죽음을 지켜봐야 했고, 남편의 죽음을 지켜봐야 했던 어머니의 속이 오죽했을까. 그럼에도 어머니는 내게 그렇게 말했다. 후회와 죄책감, 원망 따위로 소중한 인생을 허비하지 말라는 뜻일 게다.

아버지가 돌아가셨을 때 나는 임종을 지키지 못했다. 남에게 피해 주는 걸 그렇게나 싫어했던 아버지는 갈 때조차 조용히 돌아가셨다. 토요일 밤 주무시다가 새벽에 돌아가신 것이다. 아침에 "아버지가 숨을 안 쉬신다"는 어머니의 전화를 받고 달려가 아버지 얼굴을 보는데 참 평안해 보였다. 그 느낌이 마치 계주를 하는데 아버지가 운동장 한 바퀴를 돌고 나에게 바통을 넘겨주는 것 같았다. 순간 '내가 이제 바통을 들고 뛸 차례구나. 잃어버리지 않게 잘 들고 뛰다가 아이에게 무사히 넘겨줘야겠다'는 생각이 들었다.

그 뒤로 나는 가끔 힘들 때마다 스스로 자문해 본다. 나는 아버지에게 받은 바통을 가지고 잘 살고 있는 걸까? 어쨌든 이별 뒤에 남겨진 자가 할 수 있는 건 잘 살아가는 일밖에 없으니까 말이다. 언제 무슨 일이 일어날지 모르는 게 인생이라 가끔 '남편이 나보다 먼저 가면 어떡하지?' 하는 생각을 해 볼 때가 있는데 그때도 답은 하나다.

'지금 잘해야지.'

그래야 덜 아프고, 덜 후회한다.

아버지는 생전에 뭐든지 아껴 써야 한다며 택시를 왜 타냐고, 그 돈이 아깝다며 죽어도 버스를 타곤 했다. 그런 아버지가 돌아가시고 난 뒤 어머니가 택시를 탔는데 마음이 편치 않았나 보다. "네 아버지는 그렇게 절약하며 살았는데 하늘에서 나보고 뭐라 하겠다"라고 하기에 내가 그랬다.

"어머니, 아버지한테 미안해하지 마세요. 아버지는 하늘에서 어머니가 궁상맞고 힘들게 사는 거 바라지 않을 거예요. 쓸 때는 써야지 너무 아끼면 오히려 아버지가 마음 아파할 거예요."

정말이다. 아버지는 택시를 타면 불행했을 것이다. 버스 타고 다니는 게 당신에게는 행복이었으니까. 하지만 아흔이 넘은 어머니가 택시 한 번 탔다고 그게 미안해할 일은 아니지 않은가. 아버지는 최선을 다해 살았고 그걸 우리가 인정해 드리면 되는 거다. 비로소 안도하는 어머니를 보며 다시 한번 생각했다.

우리는 살면서 무수히 많은 이별을 한다. 앞으로도 그럴 것이다. 떠날 사람은 떠날 테고, 남을 사람은 남을 것이다. 그러므로 아무리 해도 결코 익숙해지지 않는 이별, 그 앞에서 우리가 할 수 있는 일이란 아쉽지만 따뜻한 이별을 준비하는 것일 게다. 오늘 하루 잘 살고, 오늘 하루 사랑하는 사람들과 더 행복한 시간을 보내는 것 말이다.

나이듦을 받아들이는 태도

친구가 마흔 살 때 겪은 일이다. 누군가 자신에게 "올해 몇 살이세요?"라고 물었는데 이상하게 선뜻 '마흔'이라는 말을 할 수 없었다고 한다. 서른아홉까지만 해도 아직 30대라고 생각하며 스스로를 위안하며 살았는데 왠지 마흔이라고 하면 한 살 차이밖에 안 나지만 너무 나이 든 느낌이 난다는 이유였다.

친구의 이야기를 들으며 마흔 살에 나는 어땠나 돌아보니 별 감흥이 없었던 것 같다. 체력이 예전 같지 않고 흰머리가 나기 시작했지만 그러려니 했던 것이다. 아니, 해야 할 일들이 너무 많아서 몸의 변화를 느끼기 시작했지만 별일 아니라며 애써 무시했다는 표현이 더 맞을 것 같다.

그런데 요즘 마흔 살들은 고민이 많아 보인다. 그도 그럴 것이 예전에 마흔이 된다는 건 인생의 절반을 살았다는 뜻이나 다름 없었다. 그런데 요즘은 평균 수명이 길어지다 보니 100세를 놓고 보면 마흔 살이 되어도 아직 살아야 할 날이 60년이나 남아 있다. 그러니까 뭘 새로 시작하려니 늦은 것 같고, 그렇다고 안 하려니 시간이 너무 많이 남아 있는 것 같은 나이, 그것이 바로 마흔인 것이다.

게다가 자신은 예나 지금이나 똑같은데, 마음속에는 젊은 시절의 열정이 그대로 살아 있고 앞으로도 많은 일을 할 수 있을 것 같은데 몸이 자꾸만 아니라는 신호를 건넨다. 흰머리와 잔주름, 떨어진 체력, 노안 등등이 마흔의 나를 한꺼번에 덮쳐 오는 것이다.

아무리 젊음은 마음에 달렸다고 자기 최면을 걸어 봐도 소용 없다. 이제는 예전과 똑같이 술을 마시면 다음 날까지 숙취로 고생한다. 또 옛날에는 하루에 몇 잔씩 즐기던 커피도 이제는 저녁에 한 잔만 마셔도 잠이 안 오고, 자기 전에 먹은 음식이 더부룩해 밤새 잠자리에서 뒤척이게 만든다. 몸이 예전 같지 않음을 느끼게 되면서 조금만 몸에 이상이 와도 더럭 겁이 나서 병원을 찾게 되고, 장롱 안의 보험증서를 꺼내 보게 된다. 몸이 아프고, 신체 기능이 떨어지는 걸 보며 어느 순간 나이가 들었음을 실감하게 되는 것이다. 그래서 마흔은 슬프다. 왜냐하면 날마다 조금씩 젊은 시절의 나를 잃어 가고 있기 때문이다.

나이 든다는 것은 내가 소유했다고 생각했던 것들, 내 곁에 머물러 있다고 생각했던 것들을 하나씩 떠나보낼 때가 되었음을 알아 가는 과정이다. 이제는 날씬했던 허리와 정열, 모험심, 시력 등이 사라져 가는 것을 그냥 바라봐야만 한다. 젊은 시절 품었던 세계 곳곳을 여행하겠다던 꿈도, 이 세상의 모든 책을 읽어 보겠다던 꿈도 나의 한계에 부딪혀 맥없이 주저앉아 버린다. 질병과 전쟁으로부터 이 세상을 구해 내고 싶다던 젊은 날의 야심찬 이상도 현실의 벽에 부딪혀 물거품처럼 사라진다.

그러다 어느 시점이 되면 우리는 흔들리는 자신을 발견한다. 뭔가 모를 두려움이 안개처럼 깔리고, 이제 더 이상 안전하거나 보장된 그 무엇은 없다는 생각이 든다. 인생의 중심이 흔들리고 주위의 많은 것들이 흩어져 사라지는 느낌에 문득 소스라치게 된다. 사업을 하다 망한 친구, 불륜에 휩싸이거나 이혼한 친구, 불치의 병을 앓고 있는 친구도 하나둘씩 생긴다.

게다가 중년기에 접어들면 아이들을 떠나보내고 부모의 부모가 되어야 하는 운명에 맞닥뜨리게 된다. 아이들은 우리의 품을 떠나 자신들의 삶을 개척하면서 우리를 뒤에 남겨 놓는다. 그전까지는 집안의 우두머리였던 우리에게 아무도 "엄마, 아빠에게 물어봐야지" 하며 쪼르르 달려오지 않는다. 말 그대로 집안은 텅 비어 버린다.

그런데 그 사이 전에는 강하고 무섭게 보이던 부모님이 늙고 쇠약해진 모습으로 이제 우리에게 경제적, 심리적으로 의지해 온다. 그러면 우리는 부모로부터 독립해 삶을 꾸려 가고 있다가도 어느새 다시금 부모의 생활 속으로 잡혀 들어가는 느낌을 받는다. 심지어 늙고 쇠약해진 부모를 돌보면서 우리는 자신도 모르게 억압되어 있던 감정들을 보게 된다. 예전에 부모에 대해 느꼈던 짜증과 원망, 슬픔과 죄책감이 부모에 대한 사랑을 뛰어넘어 다시금 우리를 괴롭히기 때문이다.

그래서 정신분석가인 융은 "마흔이 되면 마음에 지진이 일어난다"고 했다. 삶 전체가 흔들리는 듯한 혼란을 겪는 것이다. 왜 그럴까? 《내가 누군지도 모른 채 마흔이 되었다》의 저자 제임스 홀리스에 따르면 우리는 1차 성인기인 12~40세까지 누구의 아들딸, 누구의 엄마 아빠, 어느 회사의 팀장으로서 가족과 사회 안에서 사회화된다. 그것은 진정한 본성에 따르기보다는 인생은 이렇게 살아야 하고 선택은 이렇게 해야 한다고 키워진 결과로서의 삶에 가깝다. 즉 진정한 자신에게서 멀어진 채 살아온 것이다.

그러다 마흔이 되면 우리가 보낸 시간들이 오롯이 기록된 과거의 책장을 넘기며, 이제껏 열심히 일궈 온 삶을 돌아보게 된다. 그 과정에서 모든 것을 손에 넣었다 해도, 내가 누구이고 내가 하고자 하는 일이 무엇인지, 그리고 단 한 번뿐인 인생에서 내가 성취한 게 과연 가치가 있는 것인지에 대한 회의가 몰려온다. 아직도 원하는 것이 많은데, 아직도 하고 싶은 일이 많은데, 시간은 계속 흐르고 우리에게 남은 선택의 폭은 점점 줄어만 가기 때문이다. 우리의 어린 시절과 젊은 날들은 가 버렸고, 앞으로 나아가기 전에 잠시 걸음을 멈추고 우리가 잃어버린 것을 애도해야 할 시점이 된 것이다.

이처럼 중년의 위기 앞에서 우리는 삶을 재평가할 수 있는 기회를 갖게 된다. 즉 '지금까지 살아온 모습과 맡아 온 역할들을 빼고 나면 나는 대체 누구인가?'라는 질문을 스스로 던져 봄으로써 진정한 나를 만날 수 있는 기회를 얻게 되는 것이다.

그러나 대부분의 사람들은 나이 듦으로 인한 상실을 받아들이지 못한다. 그들은 중년이라는 나이가 싣고 가 버린 많은 것들과 인생은 유한하며 죽음을 피할 수 없다는 사실을 한꺼번에 직면하면서 온 힘을 다해 다가오는 세월과 맞서 싸우려 든다.

그래서 어떤 사람들은 구두 뒤축을 땅에 깊숙이 박고 꼿꼿이 서서 모든 변화에 저항한다. 또 어떤 사람들은 필사적으로 다시 젊어지려고 애쓰기도 한다. 나이 듦을 부정하기 위해 더 분주히 움직이며 새로운 계획에 몰두하는 경우도 종종 있다.

이처럼 변화에 저항하는 사람들은 자신이 가지고 있는 힘에 집착하는 모습을 보이고, 시간이란 현실도 부정하려 든다. 그래서 아이들이 자신의 말에 순종해야 한다고 주장하고, 젊은 직장 동료들에게 분수를 지키라고 충고한다. 폭풍우 속에서 휘어지지 않는 참나무처럼 말이다. 그러나 정작 그들은 건강이나 결혼 생활 혹은 직장에서 작은 변화라도 생기면 부러지고 만다.

젊음을 다시 찾으려는 사람들은 과거로 되돌아가려 한다. 그래서 예전에 가졌던 것, 좋아했던 것들을 다시 한번 갖고자 한다.

그들은 오랜 시간을 같이 살아온 배우자에게 등을 돌리고 젊고 새로운 상대를 찾아 헤매거나, 일시적으로 타오르는 불같은 연애에 몰입하기도 한다. 혹은 성형외과에 가서 보톡스 주사로 주름을 펴기도 한다. 그들은 주름을 펴서 젊어 보이는 얼굴을 얻는 대신 표정을 잃어버린다.

이처럼 나이가 들면서 내적 성숙에 시간을 할애하기보다는 과거에 이루지 못한 것을 다시 시작하느라 분주한 사람들은 적극적이고 활력 있는 삶을 산다는 긍정적인 측면이 있지만, 이것이 지나칠 경우 치러야 할 대가가 커질 수밖에 없다. 늙어 가는 자신을 부정하느라 자신을 소진시켜 버리는 아이러니에 직면하기 때문이다.

나이 듦으로 인한 상실을 받아들이는 일은 무척이나 힘들다. 그러나 다시 찾을 수 없는 것에 매달리다 보면 결국 더 많은 것을 잃게 될 뿐이다. 내가 의미 있게 써야 할 시간, 내가 더 사랑해야 할 사람들 그리고 나 자신까지도.

아무것도 하지 않는 시간이
반드시 필요한 이유

우리나라 무용 치료의 선구자인 류분순 교수는 한국임상예술학회에서 만났는데 벌써 만난 지 32년이 흘렀다. 네 살 차이를 넘어서 인생의 친구가 되어 서로 참 많은 것들을 나누며 살아왔는데 이제는 목소리를 듣기만 해도 좋다. 그런 류 교수와 내가 만나 오면서 가장 많이 했던 말은 서로 쉬라는 이야기였다.

"좀 쉬어 가면서 하세요."

"그러는 교수님도 좀 쉬세요. 너무 무리하지 마시고요."

그렇게 둘 다 바쁘게 살았건만 나는 병에 걸리고 그녀는 건강하다. 아마도 그녀는 춤을 추었고 나는 춤을 추지 않기 때문일게다. 이 이야기는 내가 국제 무용 치료 학회에서 발표 중에 농담조로 한 이야기다. 그러나 농담 속에 진담이 있다고, 이 말은 어느 정도 사실이기도 하다. 왜냐하면 일만 하는 것과 춤추면서 일하는 것은 엄연히 다르기 때문이다. 그만큼 휴식과 놀이는 우리의 삶에 정말 중요한 비타민 같은 요소다.

그런데 나는 의사와 두 아이의 엄마로 살아오면서 파킨슨병으로 병원을 그만두기까지 30여 년 동안 제대로 쉬어 본 적이 없다. 남들에게는 건강과 휴식이 그 무엇보다 중요하다고 말해 왔지만 정작 나는 늘 너무 바빴고 시간은 부족했다. 그래서 돌봄이 필요한 몸을 노예 부리듯 혹사했다. 일하느라 밥을 거르기 일쑤였고 때로는 잠까지 줄였다. 몸을 마치 뇌를 쓰고 활동하기 위한 도구처럼 여겼던 것이다. 그렇게 쉬지 않고 계속 무리하면서도 나는 끄떡없을 거라 자신했다. 그래서 몸이 상하는 것조차 알아차리지 못했다.

1999년 밥을 조금밖에 못 먹고, 글씨를 쓰는데 자꾸만 글씨가 작아지고, 저녁이면 오른쪽 다리를 끌게 되고, 사람들과 말을 하기가 싫고, 불안 증상까지 찾아왔는데도 피곤해서 그럴 거라고, 좀 쉬고 운동하면 괜찮아질 거라고 생각했다. 물론 그것은 핑계에 지나지 않았다. 운동을 시작한 것도, 쉰 것도 아니었으니까 말이다. 나는 늘 그런 식으로 내 몸을 혹사했고 결국 파킨슨병 진단을 받게 되었다.

나는 왜 말로는 쉬어야 한다면서도 몸을 혹사했던 걸까? 돌이켜 보면 나는 그 어떤 일이든 내가 해야 한다고 생각했다. 아니 솔직히 말하자면 직장에서든 집에서든 내가 없으면 안 된다고 생각했다. 내가 없으면 일이 잘 안 돌아가거나 잘못될 거라고 여겼던 것이다. 그래서 굳이 내가 하지 않아도 될 일까지 도맡아 하곤 했다. 정신없이 바쁘게 사는 것을 여기저기 나를 필요로 하는 곳이 많다는 증거라고 생각해 좋아하기까지 했다.

그래서일까. 과거의 나처럼 "바쁘다"는 말을 달고 사는 사람들을 볼 때면 왠지 더 안타깝다. 몸도 기계처럼 과하게 쓰면 고장이 나니까 몸을 아껴 쓰라고 해 봐야 그들은 말을 흘려 들을 게 뻔하기 때문이다. 그나마 워커홀릭인 남편은 내가 파킨슨병 진단을 받는 걸 보고 적어도 겁이 났는지 내 앞에서 "이번 프로젝트가 끝나면 휴가 계획 세워 볼게"라고 하지 않는다. 일은 해도 해도 끝이 없으므로 그런 식이면 절대 휴식을 취할 수 없다는 사실을 본인도 잘 알고 있는 것이다.

지쳐 쓰러질 때까지 일하는 데 길들여진 사람들은 삶에서 쉴 시간을 먼저 만들어 두어야 한다. 일을 하다가도 그 시간이 되면 무조건 휴식을 취하겠다고 작정을 하고 그에 맞는 계획을 미리 세워 두어야 한다.

그럼에도 내가 1년 계획을 세울 때 휴가 계획 먼저 세우라고 하자 남편은 어떻게 그럴 수 있느냐며 반문했다. 언제 무슨 일이 생길지 모르는데, 함부로 자리를 비울 수 없다는 것이다. 나는 남편에게 말했다.

"당신 없어도 병원 잘 돌아간다니까요."

현대인들은 아무것도 안 하는 시간이 없다. 끊임없이 뭔가를 한다. 남들보다 더 빨리 가지는 못해도 뒤처지기는 싫기 때문이다. 스마트폰으로 정보를 검색하고, 인터넷 뉴스를 보고, 버스나 지하철에 앉아서도 끊임없이 무언가를 보거나 듣는다. 그야말로 쉴 새 없이 정보들을 접하는 것이다. 그처럼 잠들기 직전까지 계속되는 자극으로 인해 뇌는 어느 순간 과부하에 걸려 두통을 호소한다. 뇌가 더 이상 자극을 받아들이지 못하는 것이다. 그럼에도 우리는 스스로에게 '멍 때릴' 자유를 허락하지 않는다. 불안함에 아무것도 안 하는 것을 못 견디기 때문이다.

하지만 밥을 먹으면 소화할 시간이 필요하듯 뇌도 쉴 시간이 필요하다. 여태까지 들어온 자극이나 머릿속에 쌓인 정보들이 소화될 시간이 있어야 한다. 뇌는 쉬는 시간에 산발적으로 흩어져 있는 자극과 정보들을 내적으로 재배열하고 통합해 어떤 건 걸러내고 어떤 건 의미를 두는 등 사고를 형성한다. 그런데 뇌가 쉬지 못하면 끊임없는 자극에 반응하느라 지쳐 버린다. 그러므로 어떤 답이 계속해서 떠오르지 않을 때는 그냥 그 문제를 잊어버리는 것도 방법이다. 뇌가 그 문제에 대한 여러 가지 정보들을 통합할 시간을 필요로 하는 것일 수도 있기 때문이다.

나는 영화를 보고 영화 평을 쓸 때 꼭 두 번을 본다. 한 번은 아무 생각 없이 보고 느낀다. 뭔가 말할 내용이 있다 싶으면 한 번 더 보는데 막상 글을 쓰려고 하면 잘 안 써질 때가 있다. 그런데 일주일이나 열흘 정도 지나면 어느 순간 '맞아. 그렇게 쓰면 되겠다' 하고 글 쓸 방향이 떠오른다. 나의 경험과 지식과 영화의 내용이 섞이고 통합되면서 주제와 방향이 잡히는 것이다. 만약 일주일 정도 문제를 잊고 뇌에게 그냥 쉴 시간을 주지 않았다면 나는 결국 영화 평을 제대로 쓰지 못했을 것이다.

몸도 뇌도 때론 쉬어야 한다. 쉬지 않으면 시야가 좁아져 평소에 할 수 있는 적절히 확장된 수준의 사고를 하기가 어려워지기도 한다. 잠시 멈추어 선 시간에 우리는 그동안 경험한 것이 어떤 의미를 담고 있는지 더 잘 이해하고, 올바른 방향으로 나아가고 있는지 확인할 수 있게 된다. 그러면 더 자신 있게 가고자 하는 방향으로 힘차게 나갈 수 있다. 그러니 몸은 피곤한데도 계속 쉬지 못하고 있다면 의도적으로 '잠시 멈춤'을 스스로에게 허락해 보라. 잠시 멈추는 시간을 가지면 가질수록 불안함은 줄어들고 더 크게 성장할 수 있을 테니 말이다.

나는 요즘 몸을 소홀히 하지 않는다. 몸이 보내는 신호에 언제나 귀를 기울이며 몸을 피로하게 만들지 않는 것이다. 예전에는 몸이 피로해도 정신만 괜찮으면 잠을 조금만 자면서 버텼다. 하지만 요즘엔 몸이 피로하고 힘들면 일단 쉰다. 쉬면서 하늘을 쳐다보고 바람도 느끼고 가볍게 산책을 가기도 한다. 운동도 열심히 한다. 하루에 한 시간씩은 운동할 시간을 비워 놓는 것이다. 그러면 해야 할 일들 가운데 못 하게 되는 일들이 생기는데 그래도 괜찮다. 다른 사람이 나 대신 잡지에 들어갈 원고를 쓸 테고, 다른 사람이 나 대신 강의를 할 것이다. 꼭 내가 안 해도 되는 것들이다. 그걸 안 하면 나중에 후회하지 않을까 했는데 다행히 아직까지 후회는 없다. 그리고 그렇게 아무것도 안 하는 시간을 가져야만 오히려 후회 없는 삶을 살 수 있다는 것을 이제는 안다. 그래서 나는 앞으로도 나에게 멍 때릴 자유를 굉장히 많이 허락할 작정이다.

나는 남편을 모르고,
남편은 나를 모른다는 사실

이 무슨 원수인가 싶을 때도 있지만

지구를 다 돌아다녀도

내가 낳은 새끼들을 제일로 사랑하는 남자는

이 남자일 것 같아

다시금 오늘도 저녁을 짓는다

그러고 보니 밥을 나와 함께

가장 많이 먹은 남자

전쟁을 가장 많이 가르쳐 준 남자

문정희 시인이 쓴 '남편'이라는 시의 일부분이다. 문득 이 시
를 읽으니 남편과 내가 결혼한 지도 벌써 40년이 넘었다는 생각

이 퍼뜩 들었다. 남편은 정말이지 나와 함께 밥을 가장 많이 먹은 사람이자 나에게 전쟁을 가장 많이 가르쳐 준 사람이다. 밥을 그렇게나 오랜 세월 같이 먹었는데도 왜 우리는 그렇게 싸우고 또 싸웠던 걸까?

부부 관계의 가장 큰 비극은 서로 알려고 하지 않는다는 것이다. 연애할 때는 어떤 커피를 가장 좋아하는지, 어떤 옷 스타일을 좋아하는지, 어떤 곳을 싫어하는지, 어떤 영화를 싫어하는지 시시콜콜 묻는다. 매일같이 만나는데도 무슨 할 얘기가 그리 많은지 "밥은 먹었어? 누구랑? 뭐 먹었어? 맛있었어?" 속속들이 묻고 답하느라 휴대폰 배터리가 금세 닳는다.

그러나 결혼하고 1년만 지나도 언제 그랬냐는 듯 더 이상 서로를 궁금해하지 않는다. 서로가 서로에 대해 아주 잘 알고 있다고 착각하기 때문이다.

나도 그랬다. 남편이 나를 아는 줄 알았다. 웬만한 일에는 일희일비하지 않지만 한편으로 내게도 여린 소녀 같은 면이 있다는 것을, 이성적이고 차분한 편이지만 실은 내가 굉장히 예민한 감수성을 가지고 있다는 것을 남편이 당연히 아는 줄 알았다. 그만큼 오랜 세월을 같이 살아왔으니까 말이다.

그런데 남편은 나를 몰랐다. 내 가슴속에 시가 흐르고 있다는 사실을 몰랐고, 내색을 잘 안 했을 뿐 결혼하고 워킹맘으로 살면서 많이 힘들어했다는 사실을 몰랐다. 남편은 그냥 내가 원래부터 통이 크고 대범한 여자인 줄 알고 살았단다.

생각해 보면 내 잘못도 크다. 시부모님에 시동생까지 같이 살고 두 아이를 키우면서 우여곡절이 많았는데 나는 너무 괜찮은 척했다. 무엇보다 나는 남편이 설마 내가 힘들어하는 걸 모를 거라고 생각하지 않았다. 오히려 알면서도 모른 척하면서 나를 도와주지 않는 거라고 생각해 남편을 원망했을 따름이다. 그런데 남편도 마찬가지였다. 내 눈에는 남편이 지독한 워커홀릭으로 성공을 위해 가족의 희생을 당연하게 생각하는 사람이었다. 하지만 알고 보면 남편도 외롭고 상처가 많은 사람이었다. 우리는 둘 다 생활에 쫓기면서 너무 지쳐 집에 오면 누가 먼저랄 것도 없이 일단 쉬고 싶어 했고 상대방이 그 마음을 백분 이해해 주리라 생각했다. 더 이상 서로를 알려고 하지 않았던 것이다. 그러다 보니 남편은 남편대로, 나는 나대로 불만이 쌓이기 시작했고 그것은 점점 서로에게 상처가 되었다.

내가 이런 이야기를 하면 사람들이 깜짝 놀란다. 왜냐하면 내가 정신분석 전문의로 일하면서 환자들의 이야기를 잘 들어 주는 사람이니 으레 집에서도 그럴 거라고 생각했단다. 부끄럽지만 딴 사람 얘기는 다 들어 주는데 남편만큼은 내 이야기를 먼저 들어 줬으면 했다.

그런데 그건 남편도 마찬가지였단다. 남편도 밖에서는 잘 들어 주는 사람이지만 집에서는 내가 먼저 자신의 말을 잘 들어 주기를 바랐다. 그러니 결과적으로 볼 때 우리는 서로 상대방의 말을 들어 주는 대신 일방적으로 상대방이 자신을 이해해 주기를 바란 셈이다.

　재미있는 실험이 있다. 결혼한 지 2주 된 부부, 2개월 된 부부, 2년 된 부부, 20년 된 부부를 대상으로 서로를 얼마나 잘 알고 있는지 테스트했다. 그 결과 서로에 대해 가장 잘 아는 커플은 결혼한 지 20년 된 부부가 아니라 2주 된 부부였다. 왜냐하면 2주 된 부부는 '내 남편 오늘은 직장에서 뭐 하나?', '내 아내는 오늘 뭘 했을까?' 궁금해하고 끊임없이 관심을 갖는다. 관심은 질문으로 이어지고 그에 답하면서 서로가 서로를 조금 더 알아 가는 것이다. 하지만 20년 된 부부는 서로에 대해 묻지 않는다. '기봐, 저 사람 저럴 줄 알았다니까', '저 여편네 또 잔소리하네'라고 생각하며 더 이상 궁금해하지 않는 것이다. 그러니 정작 서로에 대해 모를 수밖에.

　사람은 안 변한다지만 나이를 먹고 세월이 쌓이면서 변하는 부분이 분명 있다. 만나는 사람이 달라지고, 사람을 보는 눈이 달라지고, 세상을 보는 시각도 달라진다. 아무리 안 변했다 치더라도 입맛은 변하기 마련이며, 시력도 변하고 뱃살도 나오고 체력도 예전 같지 않다.

　그러니 5년 전 남편과 지금의 남편이 같을 수가 없고, 10년 전 아내와 지금의 아내는 다를 수밖에 없다. 나는 사람들이 이 사실을 모를 리 없다고 생각한다. 단지 나와 남편처럼 그동안 서로에게 쌓인 상처 때문에 관계 개선을 위한 노력까지도 어느 순간 멈춰 버리는 것이다.

그러던 어느 날 또다시 끓어오르는 화를 참고 남편의 이야기를 그냥 듣기만 했다. 그러기를 몇 번, 어느 순간 남편은 이렇게 수다스러운 사람이었나 싶을 정도로 자신의 이야기를 풀어놓기 시작했다. 놀라운 건 어느 날부터인가 남편이 나의 일상을 물어보기 시작했다는 것이다.

"밥은 뭐 먹었어? 오늘은 어땠어? 괜찮아?"

그 후 남편과 나는 다시 서로를 알아 가는 재미에 빠졌다. 그 사이 변했지만 몰랐던 것들에서부터 오늘 하루 있었던 이야기 그리고 그동안 한 번도 꺼내지 않았던 어릴 적 상처까지, 쌓인 이야기는 많았고 서로에게 하고픈 이야기도 많았다. 그러면서 우리는 알게 되었다. '사랑하니까 저 사람은 분명 내가 얘기 안 해도 알 거야'라는 생각은 틀렸다는 것을.

아무리 사랑해도 말하지 않으면 모른다. 그러니 상대방에게 나에 대해 자꾸 알려 주어야 한다. 하고 싶은 말을 차곡차곡 가슴에 쌓아 두는 대신 그 말을 밖으로 꺼내야 한다. 어제와 다른 나에 대해 얘기해야 한다. 그래야 그 사람이 나에 대해 알게 된다. 그리고 절대 상대방을 다 안다고 착각해선 안 된다. 우리는 죽을 때까지 나 자신도 다 모른다. 그런데 상대방을 어찌 다 알겠는가. 나는 그 사실을 결혼하고 30년이 지난 후에야 깨달았지만 당신은 그러지 않기를 바란다. 상대방에게 끊임없이 나를 알려 주고, 상대방을 끊임없이 알려고 노력하는 것. 어쩌면 그것이야말로 결혼 생활을 오래도록 유지하는 비결이 아닐까 싶다.

이 글을 쓰게 된 것은 한 후배가 나에게 주례를 부탁했기 때문인데, 이 글을 주례사 대신으로 전한다.

좋은 부모가 되려고
너무 애쓰지 말 것

'어머니, 아버지.'

가만 불러만 봐도 따뜻해지고 그리워지는 이름이다. 내가 걸어가다 넘어지면 바로 일으켜 주고, 세상의 좋은 것들은 다 나에게 주고 싶어 하고, 나를 위해 고된 일도 마다하지 않으며, 언제나 나를 최고라고 말해 주고, 억울한 일이 생기면 나를 대신해서 싸워 주는 세상 든든한 이름이기도 하다.

우리는 이렇게 어머니와 아버지의 사랑을 이상화하고 그리워하면서 성장한다. 그러나 현실의 부모는 그리 완벽하지 않으며 내가 원하는 만큼의 사랑을 주지 않을 때도 많다. 부모님이 너무 바빠서 삼시 세끼 내가 알아서 챙겨 먹어야 할 때도 있고, 부모님이 서로 얘기를 하다가 언성이 높아지면 이러다 큰 싸움이 나는 건 아닌지 걱정이 된다. 다른 집은 모두 화목하고 단란해 보이는데 콩가루 같은 우리 집이 창피하고, 이럴 거면 왜 나를 낳았는지 부모님이 원망스러울 때도 있다. 나도 마찬가지였다. 어머니는 나를 낳고 나서 6개월간 아팠다. 그러다 보니 나를 제대로 돌봐 줄 사람이 없었다. 나는 엄마의 정이 그리웠는지 늦게까지 손가락을 빨고 자주 오줌을 쌌다. 여섯 살 때쯤엔가는 한겨울에 또 오줌을 싸고 말았다. 화가 난 아버지는 나를 얇은 내복 바람으로 쫓아냈다.

그때 나는 옷 속을 파고드는 추위와 수치심에 떨며 울면서 두 주먹을 쥐고 결심했더랬다. 이다음에 크면 꼭 복수하고 말겠다고, 이럴 거면 왜 나를 낳았을까 하는 분노가 치밀었던 것이다. 그런데 커서 생각해 보니 당시 아버지는 소송에 휘말려 힘든 시기를 겪고 있었고, 어머니는 몸이 아픈 데다가 딸 둘을 낳고 이번엔 아들인가 했는데 또 딸을 낳아 시어머니의 눈치를 보던 시절이었다. 그러니까 내가 태어났을 때 사랑을 받지 못한 건 내 탓이 아니라 그저 운이 없었던 탓이었다. 게다가 아버지와 어머니는 젊고 서툰 부모였을 뿐이었다.

하지만 우리는 부모가 되어 보지 않고서는 부모를 이해하지 못한다. 그래서 내가 원하는 사랑을 주지 않았다는 이유로 부모를 원망하거나 내가 부모가 되면 절대 그렇게 하지 않을 거라고 다짐한다. 상상 속의 완벽한 부모가 되기를 꿈꾸는 것이다. 그러나 막상 부모가 될 준비를 하는 순간부터 우리는 막연한 불안감에 시달리게 된다. 한 후배는 나에게 이렇게 말한 적이 있다.

"솔직히 자신 없어요. 부모님한테 사랑받은 기억이 없어서 어떻게 사랑을 줘야 할지 모르겠고, 아이가 원하는 건 다 해 주고 싶은데 그렇게 돈이 많은 것도 아니고…. 제가 과연 좋은 부모가 될 수 있을까요?"

사실 부모가 된다는 것은 김현승의 시 '아버지의 마음'에 나타나 있는 아버지의 모습처럼 고달픈 일일지도 모른다.

바쁜 사람들도
굳센 사람들도
바람과 같던 사람들도
집에 돌아오면 아버지가 된다.

어린것들을 위하여
난로에 불을 피우고
그네에 작은 못을 박는 아버지가 된다.

저녁 바람에 문을 닫고
낙엽을 줍는 아버지가 된다.

세상이 시끄러우면
줄에 앉은 참새의 마음으로

아버지는 어린 것들의 앞날을 생각한다.
어린 것들은 아버지의 나라다 – 아버지의 동포다.

아버지의 눈에는 눈물이 보이지 않으나
아버지가 마시는 술에는 눈물이 절반이다.

그런데도 우리는 세상의 모든 어머니는 아무리 힘들어도 참고 자신을 희생해야 하며, 모든 아버지는 아이들의 든든한 버팀목이 되어야 한다는 강박관념을 떨쳐 버리지 못한다.

하지만 부모의 마음속에 항상 이러한 위대한 사랑의 감정만 있는 것일까? 사실 남녀 사이의 사랑처럼 부모 자식 간의 사랑 역시 사랑과 미움이라는 양면성을 가진다. 정신분석가인 위니코트는 어머니가 아무리 아이를 사랑한다 해도 이 사랑에는 미움이라는 감정이 붙어 있을 수밖에 없다며 그 이유를 다음과 같이 나열했다.

- 아이는 엄마의 사생활을 방해한다.
- 아이는 무자비하며, 엄마를 마치 무보수의 하녀나 노예, 하층민처럼 취급한다.
- 아이는 대부분 배고프거나 뭔가가 필요할 때 엄마를 무지 사랑한다. 그리고 일단 자신이 원하는 것을 손에 넣으면 귤껍질처럼 엄마를 던져 버린다.

- 아이는 엄마를 의심하고, 엄마가 주는 음식을 뱉어 버려 엄마로 하여금 스스로에게 회의감이 들게 한다. 그러다가 이모나 다른 사람이 주는 음식은 잘 받아먹는다.
- 아침에 한바탕 끔찍한 난리를 친 뒤 밖으로 안고 나가면, 아이는 지나가는 사람을 보고 웃는다. 그러면 그는 "참 예쁘고 착한 아기네요"라며 아기를 쓰다듬어 준다.
- 만일 처음에 아이의 비위를 잘 맞춰 주지 않는다면 아이는 엄마를 두고두고 원망한다.

위니코트의 말처럼 아무리 어머니라도 아이가 미워질 때가 있다. 위의 경우처럼 구는 아이가 얄밉지 않다면 그건 자신을 속이는 일이다. 하지만 부모는 자신의 마음속에서 아이를 귀찮아하고 미워하는 마음을 발견하면 불안해하고, 죄책감을 느끼며, 자신이 비열한 사람이 될까 봐 두려워한다.

그러나 애석하게도 인간은 완벽하지 않다. 아무리 성숙한 인간이라도 마찬가지다. 그러니 부모 자식의 관계 역시 완벽할 리 없다. 그러므로 아이가 미워질 때는 그 마음을 있는 그대로 인정하는 것이 필요하다.

아이들에게 항상 옳은 일만 할 수 있는 부모는 이 세상에 존재하지 않는다. 때때로 우리는 잘못을 하기도 한다. 그 말은 어머니나 아버지도 때로 틀릴 수 있음을 의미한다. 인간은 항상 틀리기 쉬운 인간에 의해 길러지는 존재다. 그리고 그 속에서 여유와 배려, 감사와 유머가 싹튼다.

좋은 부모란 아이의 필요를 언제 어디서나 항상 충족시켜 주는 부모가 아니다. 사람이 성장하려면 어느 정도의 결핍과 좌절을 경험해야 한다. 결핍되고 상실한 것을 스스로 찾아 메우려는 노력이 바로 사람이 성장하는 과정이다. 부모가 모든 것을 다 충족시켜 주면 아이는 성장할 필요를 느끼지 못하게 된다. 그러나 부모가 아이에게 감당할 수 있을 정도의 좌절을 주면 아이는 서서히 좌절을 견디는 법을 배워 나가고, 현실감을 얻게 되며, 스스로 필요한 것을 찾아 가는 법을 배우게 된다. 그러면서 한 사람의 건강한 어른으로 성장하는 것이다.

한편 부모가 아무리 아이에게 모든 인생을 바쳤어도, 그 결과가 전적으로 부모의 통제 안에 있을 수는 없다. 집 밖의 세계에서 부모가 미처 예상하지 못한 일이 아이에게 일어날 수도 있다. 그리고 아이가 어떤 기질을 가졌느냐에 따라 그리고 생후 초기에 엄마와 아기가 얼마나 서로 잘 맞았는지에 따라 아이가 겪게 되는 일들이 달라질 수 있다.

그러므로 부모가 아이에게 해 줄 수 있는 것은 줄 수 있는 만큼의 사랑과, 할 수 있는 만큼의 최선을 다하는 것이다. 그리고 아이들이 부모의 곁을 떠나갈 때 잘 떠나보내는 것이다. 그러니 좋은 부모가 되려고 너무 애쓰지 말았으면 좋겠다. 이상적인 부모는 상상 속에서나 가능한 법이니까.

때론 버티는 것이 답이다

　때론 버티는 것만으로도 힘든 날들이 있다. 나에게도 그런 날들이 있었다. 고등학교 2학년 기말고사가 끝나던 2월 10일, 바로 위의 언니가 교통사고로 세상을 떠났다. 대학교 예비 소집에 간다고 밝게 웃으며 집을 나선 언니가 대학교 앞에서 횡단보도를 건너다 차에 치여 목숨을 잃은 것이다. 연년생으로 친구보다 더 가깝게 지내던 소울메이트 언니는 그렇게 갑작스럽게 내 곁을 떠났다. 언니가 떠난 뒤 한 달 만에 할머니도 돌아가셨다.

　그런데 나는 맘껏 울 수가 없었다. 새벽에 물 마시려고 나왔다가 방에서 우는 소리가 들려 슬쩍 방문을 열어 보면 아버지가 울고 있고, 어머니가 아버지를 위로하고 있었다. 다음 날은 어머니가 울고 아버지가 어머니를 위로했다. 늘 강한 분이라고 생각했는데 할머니와 언니의 죽음을 견딜 수 없었던 아버지는 우리 형제들을 보고 있으면 자꾸 언니 생각이 난다며 끝내 강원도 공장으로 내려가 버렸다. 집에서 언니 이야기를 꺼내는 사람은 아무도 없었다. 어머니와 큰언니, 남동생, 여동생 모두 언니 이야기를 꺼내면 너무 마음이 아플까 봐 자기 가슴속에만 언니를 묻어 두었다. 집안 분위기가 늘 침울했던 그때, 나에게는 딱 한 가지 생각뿐이었다.

'버텨야 해. 나까지 무너지면 안 돼.'

나는 언니를 대신해 두 사람 몫을 살아야 한다고 생각했다. 그것이 내가 살아 있는 이유의 전부였다. 고등학교 3학년이라고 공부한답시고 책상에 앉아 있었지만 내 연습장은 어떻게든 버텨서 살아남아야 한다는 절박한 다짐으로 채워지곤 했었다. 왜냐하면 나 때문에 언니가 죽었으니까. 역사학자가 되겠다던 나와의 약속을 지키기 위해 언니가 선택한 대학교의 예비 소집일에 그 일이 터졌으니까. 언니가 갈까 말까 고민했던 다른 대학교를 선택했다면 그런 일이 없었을지도 모르니까.

그래서 나는 무너지면 안 되었다. 울어서도 안 되는 거였다. 나마저 무너지면 아버지와 어머니의 슬픔이 얼마나 더 크겠는가. 그때 내가 할 수 있는 일은 부모님 걱정 끼치는 일 없게 한 번에 대학에 붙는 일뿐이었다. 하지만 아무도 모르게 혼자 언니의 죽음을 견뎌 내며 입시를 준비하는 건 쉬운 일이 아니었다. 나를 이겨야 한다며 의자에다 끈으로 내 몸을 묶어 놓고 공부를 하다가 새벽에 잠시 눈을 붙이면 가위에 눌려 벌떡 일어나는 일이 계속되었다.

그러다 버티는 것도 한계치에 이르렀는지 대학 시험을 한 달 앞두고부터 탈이 나기 시작했다. 늦게까지 공부하느라 몸은 고된데 잠은 잘 안 오고, 계속 체해서 먹을 때마다 구토를 했다. 나중에는 이러다 시험을 제대로 볼 수는 있을까 걱정될 정도였다. 결국 시험 당일 마지막 교시에 과학 시험을 보는데 세상이 노래지면서 앞이 안 보이고 식은땀이 줄줄 흘렀다. 하지만 어떻게 버텨 온 1년인데 이대로 무너질 수는 없는 노릇이었다. 그래서 겨우 시험을 마쳤고, 다행히 원하는 대학에 들어갔다.

그렇게 1년 동안 죽을 것 같이 힘든 상황을 견디고 대학에 들어갔을 때 나는 이제 내 인생에 버텨야 할 날들이 다시는 오지 않을 줄 알았다. 그런데 어느 순간 돌아보니 나는 또 버티고 있었다.

국립정신병원에서 전문의 자격증을 딴 후의 일이다. 나를 무척이나 미워하고 괴롭히는 상사가 한 명 있었다. 나는 레지던트가 끝난 후에도 국립정신병원에 남아 스태프로 일하고 싶었다. 정신분석이나 사이코드라마 등 열심히 공부한 분야를 제대로 펼쳐 볼 수 있는 곳이었기 때문이다.

그런데 그는 어떻게든 내가 이 병원에 발붙이지 못하게 만들려고 작정한 사람 같았다. 그와 같은 학교 출신이 아니라는 이유에서였다. 성적이 나쁜 것도 아니고, 정원이 없는 것도 아닌데 출신 학교 때문에 무조건 배척하니까 방법이 없었다. 이제 와서 대학을 다시 들어갈 수도 없는 노릇이니 답답해서 속이 터질 것만 같았다. 내가 노력한다고 풀릴 문제가 아니었다. 그러다 보니 하루하루가 지옥 같았다. 그는 사람들 앞에서 나를 무시하기 일쑤였고, 인사를 받기는커녕 지나칠 땐 없는 사람마냥 쳐다보지도 않았다. 내 발로 알아서 나가기를 바라는 것처럼…. 내가 뭐가 모자라 이런 대우를 받나 싶어 억울했고, 차라리 때려치울까 몇 번이나 생각했다. 그럼에도 불구하고 나는 이 병원에서 일하고 싶었다. 그래서 버티기로 했다. 잡일도 마다하지 않았고, 그가 아무리 나를 무시해도 견뎌 냈다. 스태프가 안 된다고 해도 일단 하는 데까지 해 봐야 덜 후회할 것 같았다.

그런데 하늘이 나를 도왔는지, 나를 미워하던 상사가 예기치 않게 임기를 다 채우지 못하게 되었고 다행스럽게 나는 국립정신병원에서 정식으로 일하게 되었다.

괴롭힘을 당하던 1년은 너무도 힘들었다. 그런데 훗날 돌이켜 보니 거기서 배운 점도 많다는 걸 깨달았다. 그전에 나는 이유 없이 미움을 받아 본 적이 없었다. 게다가 레지던트를 끝마칠 때쯤 내 자신감은 하늘을 찌르고도 남았다. 대학 졸업 성적도 매우 좋았고 사이코드라마로 학계의 인정도 받았으니까. 그런데 상사와의 갈등은 조직에 들어가 일한다는 것이 나 혼자 잘났다고 해서 되는 일이 아님을 알려 주었다. 사람들과의 관계도 굉장히 중요하며 무슨 일을 하든 나를 낮추고 조직에 맞춰 가는 적응력도 꼭 필요한 능력임을 깨달았다. 아마 그가 없었다면 나는 내가 대단히 똑똑하고 잘난 사람이라며 기고만장해졌을지도 모를 일이다. 그 뒤로도 나에게는 버텨야 하는 날들이 찾아왔다. 무엇보다 결혼을 깨 버리고 싶은 순간들을 버텨 내야 했고, 마흔이 넘어서는 파킨슨병으로부터 버텨 내야만 했다.

그런데 버틴다고 하면 사람들은 흔히 그것이 굴욕적이라고 생각한다. 그래서 왜 그렇게까지 살아야 하는지 모르겠다고들 말한다. 하지만 버틴다는 것은 그저 말없이 순종만 하는 수동적인 상태를 이야기하는 게 아니다. 아무것도 하지 않고 방에 누워서 시간이 지나가기만을 기다리는 게 결코 아니라는 말이다. 버틴다는 것은 내적으로는 들끓어 오르는 분노나 모멸감, 부당함 등을 다스릴 수 있어야 하고, 외부에서 주어진 기대 행동에 나를 맞추면서도 나 자신을 잃지 않아야 하는 매우 역동적이면서도 힘든 과정이다. 그래서 버틴다는 것은 기다림이라 할 수 있다. 미래를 위해 현재를 참아 내는 것이고, 다음 단계로 나아가기 위해 오늘 부단한 노력을 하는 것이다.

내가 수험생 시절을 인내하지 않았다면 의사가 되기 위한 첫걸음인 의과대학에 가지 못했을 테고, 첫 직장에서 견뎌 내지 못했다면 정신분석을 공부할 생각을 못 했을 테고, 결혼을 깨 버렸다면 지금의 가족을 얻지 못했을 테고, 병으로부터 버티지 않았다면 지금처럼 책을 쓸 수 없었을 것이다. 그렇게 나는 버티면서 삶의 한가운데로 나아갈 수 있었고, 그로부터 많은 것을 배웠다.

언니가 세상을 떠난 것은 너무나 애통한 일이지만 그건 내 잘못이 아니며 내가 죽어 버려야 했을 만큼 무가치한 사람은 아니라는 사실, 내가 무언가를 해낼 수 있는 사람이라는 사실, 누군가에겐 때로 도움이 될 수도 있다는 사실 등을 배웠다. 만약 버티지 않고 어느 순간 포기해 버렸다면 삶이 쉬웠을지는 모르겠지만 참 많이 후회했을 것이다.

사실 정신 치료 중에도 버팀의 태도는 매우 중요하다. 많은 환자들은 끝없이 치료자를 테스트하며 그네들의 분노나 절망을 치료자에게 투사한다. 이를 견뎌 내는 것은 치료자에게 있어 매우 힘든 일이다. 자칫 치료자가 자신의 역전이 감정을 다스리지 못하면 치료는 비극적인 결말을 맞이하게 된다. 그러므로 치료자는 환자의 분노를 견디고 그로부터 살아남아야 한다. 일단은 살아남아야 환자를 도울 수 있으니까 말이다.

그러고 보면 어떤 것을 이루는 과정에는 견디고 버텨야 하는 시기가 반드시 있게 마련이다. 그리고 버티는 시간 동안 우리는 그 일의 의미와 절박성을 깨닫고, 자신의 한계를 인식하고 필요한 것들을 재정비하며 결국은 살아남는 법을 익히게 된다. 그러므로 버티어 살아남는 법을 배운다는 것은 어느 누구도 폄하할 수 없는, 피땀 어린 노력의 결실이다.

그래서 정말 버티다 보면 좋은 날이 오느냐고, 언제까지 이렇게 버텨야 하느냐고 울부짖는 사람들에게 말해 주고 싶다. 버티는 것이 답답하고 힘들겠지만 버티다 보면 어떻게든 앞으로 나아가게 되어 있다고, 그러니 자신과의 싸움에서 지치지 말라고 말이다. 정말로 때론 버티는 것 자체가 답일 때가 있다.

그리고 언젠가 좋은 날은 반드시 온다. 그래서 나도 오늘 하루 잘 버텨 내려고 한다. 그러면 내일 두 손자 녀석들이 달려와 "할머니" 하고 부를 테고, 사위의 손을 잡고 들어오는 딸의 얼굴을 오랜만에 보게 될 테니까. 그거면 충분하다.

가까운 사람일수록
해서는 안 될 것들이 있다

"차라리 내가 엄마 환자였으면 좋겠다!"

학창 시절 아들과 딸이 가끔씩 푸념처럼 하던 말이다. 내가 환자 이야기는 잘 들어 주면서 정작 집에 와서는 자신들의 이야기엔 귀 기울이지 않고 잔소리만 늘어놓는다는 것이었다. 요리사가 집에 와서 아무거나 시켜 먹는 거랑 똑같다면서.

그럴 때마다 나는 가슴이 뜨끔했다. 언젠가부터 아이들에게 "엄마 지금 바쁘니까 나중에 얘기해"라는 말을 버릇처럼 해 왔기 때문이다. 아이들은 그 말을 들으며 얼마나 서운했을까.

사실 사람들은 가깝지 않을수록 더 친절한 경향을 보인다. 가깝지 않다 보니 상대의 마음을 배려하고 원하는 것도 참으면서 의견을 조율한다. 갈등을 만들지 않고 원만한 관계를 유지해야 하기 때문이다. 또 상대에게 기대하는 바가 그리 크지 않다 보니 서로 다르다는 것도 비교적 쉽게 받아들인다. 그래서 실망하는 일도 별로 없다. 반면 가까운 사이일수록 우리는 아무것도 아닌 일에 쉽게 상처받고 화를 낸다. 서로를 잘 알기에 오히려 깊은 상처를 줄 수 있고, 내가 상대로부터 무언가를 절실히 원하기 때문에 사소한 일에도 크게 마음이 상하는 것이다.

그리고 낯선 이에게 길을 친절히 알려주고, 회사 팀원들과 일주일에 두세 번씩 술자리를 하는 사람들이 정작 집에 가면 약속이라도 한 듯 입을 다문다. 심지어 가족들이 자신에게 먼저 다가와 "오늘 하루는 어땠어?", "힘들지?"라고 위로해 주기를 바란다. 말하지 않아도 상대방이 자신을 이해해 주고, 있는 그대로 자신을 받아들여 주기를 기대하는 것이다. 하지만 상대방도 힘든 것은 마찬가지다.

내 병세가 악화되면서 걷는 것조차 힘들어지고 혼자선 몸을 뒤척이지 못할 정도가 되자 어머니가 나를 돌봐주기 시작했다. 물론 간병인이 따로 있긴 했지만 팔순 노모가 딸의 병 수발을 들게 된 것이다. 나는 고개를 못 들 만큼 죄송스러웠지만 솔직히 한편으론 무척 든든했다. 나를 진심으로 아끼고 사랑하는 사람이 곁에 있어 주는 거니까. 하지만 병간호가 말이 쉽지 결코 쉽지 않은 일이다 보니 어머니도 지칠 수밖에 없었다.

그러던 어느 날 약의 부작용으로 줄줄 흐르는 땀을 닦아 주던 어머니가 나에게 말했다.

"꼬라지가 그게 뭐니."

어머니가 무심결에 툭 던진 그 말은 날카로운 비수가 되어 내 가슴에 깊은 상처를 냈다. 그것은 혼자선 아무것도 못 하는 무력한 나와 점점 지쳐 가는 어머니의 상황을 적나라하게 드러내는 말이었기 때문이다. 의사로, 작가로 성공을 거두어 자랑스러웠던 딸이 하루아침에 불치병 환자가 되어 제 몸 하나 못 가누는 모습을 보면서 어머니는 얼마나 힘들었을까. 그럼에도 느껴지는 서운함은 어쩔 수 없었다.

'아무리 그래도 엄마가 어떻게 나한테 그런 말을 할 수가 있어. 다른 사람도 아닌 엄마가.'

어쩌면 나는 아이처럼 어머니에게 매달리고 싶었는지 모른다. 원하는 건 뭐든 엄마가 해 줘야 한다고 떼쓰는 아이처럼 말이다. 하지만 아무리 가까운 사이일지라도 상대방은 나와 다른 욕구를 지닌, 나와 엄연히 다른 존재이다. 그런데도 둘 사이의 경계를 무시하고 한 몸이 되고자 한다면 우리는 상대에게 채울 수 없는 헛된 기대를 품게 된다. 그가 나만을 위해 존재하길 바라고, 내 모든 것을 이해하고 받아 주길 바라며, 끊임없이 솟아나는 욕망과 욕구를 채워 주길 기대하는 것이다.

이는 사랑하는 연인 사이에서도 쉽게 발견된다. 사랑에 빠진 두 사람은 처음에는 좋은 인상을 남기기 위해 예의를 지키고 상대의 기분을 헤아리면서 조심스레 접근한다. 그러다 만남이 반복될수록 '편한 사이'가 되어 부끄러운 모습들도 서서히 드러내게 된다. 그럼에도 불구하고 상대가 나를 받아들여 주고 좋아해 주면 우리 마음속의 어린아이는 기뻐하면서 한층 성장해 나가게 된다. 그러나 이 기쁨을 잘 관리하지 않으면 상대가 내 본모습에 실망해 언제든 떠날지 모른다는 불안감이 엄습해 온다. 그래서 사랑을 확인하기 위해 끝없는 테스트를 시작하게 된다. 나만 봐 달라고, 내 얘기에 웃어 달라고, 내가 세상에서 제일 소중한 사람이라고 말해 달라고 끊임없이 조르는 것이다. 말 안 해도 내가 뭘 생각하고 어떤 상태인지 알아 달라고 요구하고, 그렇지 못하면 마음이 상한다. 그렇게 상대는 나의 모든 것을 이해하고 채워 줘야 하는 존재가 되어 버린다. 처음 만났을 때의 조심스러움과 배려는 사라지고 사랑이 자기중심적이고 일방적인 것으로 변해 버리는 것이다.

그러면 가깝다는 이유로 서로가 서로에게 상처를 입히게 된다. 가까운 만큼 이해하고 공감할 수 있지만 무심코 휘두른 손이 상대를 할퀴게 되는 것이다. 게다가 관계가 틀어져 마음이 상하면 우리는 으레 상대방에게 그 책임을 돌린다. 최선을 다한 나에 비해 상대방은 별로 애쓴 게 없는 것처럼 보이기 때문이다. 결국 쌓여 있던 불만이 폭발하여 상대방에게 "너 때문이야"라는 비난을 퍼붓기에 이른다.

남 탓, 내 탓을 하며 싸우지 않을 방법은 없는 걸까? 결국 관계를 끊어 버리지 않는 한 고통스러운 관계를 견디는 것밖에 답이 없는 걸까? 아니다. 방법이 있다. 서로 너무 큰 상처를 입혀서 돌이킬 수 없는 상황이 되기 전에 일정한 심리적 거리를 두면 된다.

거리를 두는 것은 아예 상대방에 대한 마음을 닫아 버리고 그가 무엇을 하든 개의치 않는 것이 아니다. 거리를 둔다는 것은 슬프지만 '상대방이 나와 다르다는 것을 그대로 인정하는 것'이다. 그가 나와 다르다고 해서 그를 비난하거나 비판하지 않고 고치려고 들지 않는 것이다. 즉 상대방을 내 마음대로 휘두르려고 하지 않고 그의 선택과 결정을 존중하는 것이다. 베이징 사범대학 교수 위단이 쓴 《논어심득》에는 이런 말이 있다.

"꽃은 활짝 피고 나면 시들 일만 남게 되고, 달은 꽉 차게 되면 기울 일밖에 남지 않는다. 활짝 피기 전이나 꽉 차기 전에는 그래도 마음속에 기대와 동경이 있는 법이다. 친구나 가족의 관계도 모두 이와 같다. 어느 정도 거리를 두어야만 확 트인 마음을 가질 수 있다."

가까워진다는 것은 두 사람이 하나가 되는 게 아니다. 사랑이든 우정이든 두 사람이 친밀해지기 위해서 필요한 것은 상대가 나와 다른 사람이란 사실을 인정하고 존중해 주는 것이다. 그렇게 서로의 영역을 함부로 침범하지 않으면서 서서히 자신을 열고 상대를 이해해 나가야 한다. 그래서 친밀함은 결과가 아닌 과정이고, 이를 지속하기 위해선 노력이 필요한 것이다.

흔히 가까운 사이가 되면 "우리 사이에 이런 것까지 신경 써야 해?" 하며 함부로 하는 경향이 있는데, 가까울수록 더 신경 쓰고 아껴야 한다. 상대가 모든 걸 받아 줄 거라고 기대하지 말고, 상대의 약점을 건드리지 말고, 자존심을 할퀼 수 있는 말은 피하며, 신뢰를 지켜 나가야 하는 것이다.

가족은 눈물로 걷는 인생의 길목에서 가장 오래 가장 멀리까지 배웅해 주는 사람이라는 말이 있다. 꼭 가족이 아니어도 언제든 나를 믿고 지지해 주는 사람들이 있기에 우리는 불안하고 두려운 인생도 묵묵히 걸어갈 힘을 얻는다. 그런 점에서 친밀함이란, 외로운 이 행성에서 살아야 하는 우리에게 주어진 선물이다. 그러니 그것을 방치하지 말고 꾸준히 물을 주고 가꾸어 나가야 한다. 그 꽃이야말로 우리의 보잘것없는 인생을 의미 있고 가치 있게 만들어 주기 때문이다.

나는 참 가진 게 많은 사람이었다

　정신분석가 굴드는 '나는 절대적으로 안전할 것이다'라고 믿는 아이 때의 착각은 성장하고 학교에 들어가고 세상을 배우면서 다음의 네 가지 잘못된 가정으로 발전한다고 했다.

　첫 번째 잘못된 가정은 10대에 지배적인데 "나는 언제나 부모님의 우산 아래 살 것이며, 그분들의 현실감을 절대적으로 믿는다"라는 것이다.

　두 번째 잘못된 가정은 20대 때 가지는 사고방식으로 "의지와 인내를 가지고 부모님의 방식대로 살면 결국은 성공할 것이고, 만일 좌절하거나 지치거나 할 수 없게 된다면 부모님이 와서 나에게 길을 보여 줄 것이다"라고 여긴다.

　세 번째 잘못된 가정은 20대 후반에서 30대에 가질 수 있는 믿음으로 "인생은 그리 복잡한 것이 아니고 단순하다. 내 안이나 내 인생에서 어떤 불가해한 것이나 모순된 것은 없고 내 뜻을 이룰 것이다"라고 생각한다.

네 번째 잘못된 가정은 중년기에 이르렀을 때 갖게 되는데, "내 안이나 세상에 악이란 없다. 악마는 추방되거나 제압될 수 있다"라고 믿고 싶어 하는 마음이다.

그러나 막상 중년이 되면 우리는 아무리 잘 살아왔어도 머지 않아 죽게 될 것이라는 사실을 깨닫게 된다. 그리고 세상에 완전히 안전한 곳은 어디에도 없다는 것도 알게 된다. 아무리 착한 아이, 좋은 사람이 되어도 아무도 우리를 위험으로부터 보호해 주지 않는다는 사실을 알게 되는 것이다.

왜냐하면 우리는 살면서 아무런 죄가 없는 사람들이 전쟁이나 쓰나미 같은 재앙으로 처참히 죽어 가는 것을 목격하게 된다. 한순간의 잘못된 선택으로 범죄자가 되는 사람들도 본다. 비록 우리 자신이 범죄를 저지르지 않았더라도 세상의 어두운 모습을 많이 보면서 우리는 그동안 두려워 보지 않으려 했던 마음속의 어둡고 파괴적이고 불가사의한 부분을 보게 된다. 프로이트가 '이드(id)'라 부른 우리 무의식의 심연을 보게 되는 것이다.

그렇게 길들여지지 않고 위험한 내적 세계로의 여행은 우리 마음 안에 파괴적인 힘과 창조적인 힘이 공존하고 있음을 알려 준다. 그것은 우리에게 새로운 변화를 가져다주는데 부정적인 감정이 일어나도 무작정 억누르기보다 조절하면 된다는 생각을 하게 되고, 타인의 감정도 쉽게 공감하면서 자기 자신과 세상을 좀 더 포용할 수 있게 된다. 그래서 더 자유로워지고, 더 원기왕성해지고, 더 대담해지며, 더 많은 색채를 지니고, 더 창조적이 된다.

한편 중년의 나이가 되어 우리는 비로소 자신의 삶을 되돌아보게 된다. 언제까지 내 곁에 있을 거라 생각했던 부모님이 병들고 늙고 죽는 모습을 보며 무한한 줄만 알았던 시간이 무한하지 않다는 사실을 깨닫고, 나 또한 언젠가는 병들고 늙고 죽는다는 사실을 인식하는 것은 고통이다. 이 고통으로 인해 가던 길을 잠시 멈추어 우리는 지나온 과거를 회상한다.

그 과거에는 많은 고통과 회한이 자리 잡고 있다. 다른 사람들이 악의적으로 나에게 준 상처, 혹은 선의였지만 결과적으로는 나를 아프게 한 상처의 기억들. 그와 함께 떠오르는 건 내가 사랑하는 사람들에게 준 상처, 질투와 경쟁심으로 다른 사람들을 고통스럽게 만들었던 기억들이다. 그러면 우리의 가슴은 메어질 듯이 아파온다.

하지만 과거를 회상하고 삶의 의미를 되새기는 동안 우리는 삶이 얼마나 위대한지를, 나를 여기까지 오게 한 많은 사람들과 인생이란 것이 얼마나 감사한지를 깨닫게 된다. 그리고 우여곡절 끝에 지금 이 자리에 서 있는 내가 얼마나 괜찮은 사람인가를 느끼게 된다. 이전의 시간들을 떠나보내며, 과거의 나와 이루지 못한 꿈을 떠나보내며 나와 세상의 유한성을 받아들이고 앞으로 나아갈 수 있게 되는 것이다. 가슴 속에 남아 있는 열정이 꺼지지 않는 불씨가 되어 나와 내 주변을 훈훈하게 데우고 있음을 느끼면서 말이다.

나의 경우 만약 파킨슨병에 걸리지 않아서 삶을 돌아볼 시간을 얻지 못했다면 나를 여기까지 오게 만든 사람들과 인생에 대해 고맙다는 생각을 하지 못했을 것이다. 아니, 파킨슨병 진단을 처음 받았을 때만 해도 나는 모든 걸 잃어버렸다고 생각해 세상을 참 많이 원망했더랬다. 그런데 어느 순간 돌아보니 나는 참 가진 게 많은 사람이었다. 병으로 인해 잃은 것들도 많지만 여전히 할 수 있는 것들도 많았기 때문이다.

우선은 움직이고 싶어도 꼼짝도 할 수 없는 상태를 경험하고 나니까 내 몸을 움직일 수 있다는 자체가 참으로 감사하게 느껴졌다. 손가락과 팔다리, 발가락을 움직일 수 있는 게 얼마나 감사한 일인가. 그리고 파킨슨병의 대표적인 증상 중에 치매가 있는데 나는 아직 치매가 오지 않았다. 진단받은 지 벌써 22년인데 아직까지 치매가 오지 않은 건 기적이다. 그래서 이 책을 쓰고 있는 것 또한 기적이다. 지적 능력이 아직 남아 있으니 얼마나 다행인가. 또 병에 걸려 병원을 그만둔 뒤로 환자들을 보지 못하게 되었지만 덕분에 나는 그럼에도 내 곁을 지켜 주는 사람들이 누구인지 그들이 얼마나 나에게 소중한지를 깨닫게 되었다.

그리고 딸은 어느덧 결혼해 아이를 둘이나 낳았다. 덕분에 나는 두 손주의 할머니가 되었다. 부모님에게서 나에게로 온 삶의 흔적들이 딸을 넘어 손주들에게 이어지는 모습을 보게 된 것이다. 나는 가끔 손주들을 보고 있으면 인간의 삶이 계속해서 이어 진다는 사실이 경이롭게 느껴진다. 내가 중요하다고 생각하는 삶의 가치들이 딸에게 전해지고, 그 가치가 또다시 손주들에게 전해지는 순간들을 접하며 내게 남아 있는 날들을 허투루 살아 서는 안 되겠다는 다짐도 하게 된다. 사랑하는 딸과 손주들이 더 나은 세상에서 살아가기를 희망하기에 내가 할 일이 있다면 어 떻게든 두 팔을 걷어붙이고 해야겠다는 생각이 드는 것이다. 어 쩌면 바로 이러한 깨달음이 삶이 우리에게 주는 선물이 아닐까 싶다. 인생의 봄이 지나고 여름이 지나 가을의 문턱에서 지나온 시간들을 수확하며 받게 되는 풍성한 선물.

사람을 너무 믿지 마라,
그러나 끝까지 믿어야 할 것도 사람이다

단지 피부색이나 종교가 다르다는 이유로 수백만 명을 아무렇지 않게 학살하는 동물, 비행기를 몰고 도시 한복판의 빌딩으로 돌진하여 하루아침에 수천 명의 사망자를 내는 동물, 층간 소음 문제로 살인까지 저지르는 동물, 유산과 보험금을 타기 위해 친구나 가족의 등에 칼을 꽂을 수 있는 동물, 제 것에 만족하지 못하고 항상 남의 것을 탐내는 탐욕스러운 동물, 남들이 고통스러워하든 말든 나만 아니면 된다고 생각하는 이기적인 동물, 높은 지능을 남들을 속이고 파괴하는 데 사용하는 동물…. 바로 이 세상에서 가장 위험하고 무서운 인간의 모습이다.

살아갈수록 인간의 어두운 면을 마주할 기회가 늘어나면서 중년의 나이에 이르면 "세상에서 가장 무서운 건 바로 사람이다"

라는 말을 하게 된다.

이처럼 무섭게 돌변할 수 있는 이웃으로부터 내 가족을 지키기 위해서는 항상 경계를 늦추어선 안 된다. 집과 집 사이의 담을 점점 더 높게 쌓아 올리고 창문을 굳게 닫은 채 도시 안의 외로운 섬 같은 생활을 하는 이유도 바로 그 때문이다. 그럼에도 안심이 안 되는 사람들은 아이들에게 세상은 위험하고 무서운 일로 가득 차 있으니 사람을 쉽게 믿으면 안 된다고 주의시킨다.

그러면 나는 사람들에게 묻는다. 당신이 만약 사람을 믿지 않고 의심하면 배신당할 일은 분명 줄어들 것이다. 하지만 당신은 매일 누군가를 경계하고 의심하는 불안한 나날을 보내게 될 것이다. 사람을 믿지 못하면 고립되고 외로워질 것이다. 그런데 사람을 믿으면 세상은 살 만한 곳이 된다. 남에게 속을지언정 불안에 떨며 지내지는 않아도 된다. 당신은 무엇을 선택하겠는가.

안타깝게도 대부분의 사람들은 그래도 사람을 믿으면 안 된다고 답했다. 속는 것보다 날마다 모든 이를 의심하며 불안에 떠는 게 차라리 낫다는 것이다.

"그러는 선생님은 사람을 믿으세요?"

나는 사람을 믿는다. 사람을 믿으면 일단 내 마음이 편하다. 의심하느라 촉각을 곤두세우고 전전긍긍할 필요가 없다. 물론 그러다 배신당하면 크게 상처받을 것이다. 실제로 그런 일이 몇 번 있기도 했다. 하지만 상처가 두려워 사람을 믿지 않으면 행복도 없어져 버린다. 아직 일어나지 않은 일 때문에 오늘의 행복을 포기하고 싶지는 않다.

예를 들어 여행할 때 로마에 가면 좀도둑이 많으니까 가방을 도둑맞지 않고 싶으면 늘 조심하라고들 한다. 그런데 길거리를 다니며 만나는 사람마다 혹시 도둑이 아닐까, 내 지갑을 훔쳐가지는 않을까 의심한다고 해 보자. 그러면 지갑은 지킬 수 있을지 몰라도 여행을 즐길 수가 없게 된다. 그렇게 지킨 지갑이 도대체 무슨 의미가 있을까. 여행의 맛을 전혀 느끼지 못했는데….

그렇다고 무작정 모든 사람을 믿을 수는 없다. 중요한 것은 어디까지 믿느냐 하는 범위의 문제이며 믿을 수 없는 사람을 가려낼 수 있는 안목도 키워야 한다. 그러나 속이려 마음만 먹으면 쉽게 속아 넘어가는 게 사람이다. 더구나 사람은 흔들릴 수 있는 존재다. 무엇에든 유혹될 수 있고 욕망에 휩싸여 사리분별을 못할 수도 있다. 그러니 100퍼센트 믿을 수 있는 사람이란 애당초 존재하지 않는다.

그러므로 인간의 치닫기 쉬운 내적 욕망이나 갈등으로부터 관계를 보호하기 위해 일종의 장치를 해 둘 필요가 있다. 바로 관계에서의 한계 설정이 그것이다.

나는 사람과의 관계에 한계를 미리 설정해 두는 편이다. 관계를 맺게 되면 그 관계를 보호하기 위해 함부로 넘어서는 안 될 적정선을 만들고 지키는 것이다.

이를테면 나는 친구 사이에 돈 거래를 하지 않는다. 친구가 돈이 필요하다고 하면 받지 않을 생각으로 줄 수 있는 만큼을 줘 버린다. 혹여나 받지 못하게 되더라도 마음이 상해서 우정에 금이 가지 않을 정도의 돈을 주는 것이다. 생각해 보라. 내가 곧 써야 할 돈인데 친구가 돈을 갚기로 해 놓고 안 갚으면 친구를 미워하게 된다. 어쩔 수 없는 사정이 있다 하더라도 원망하는 마음이 들수밖에 없는 것이다.

그런데 친구라면 모름지기 내 모든 걸 내줄 수 있어야 한다고 설정을 해 놓으면 원망하는 마음이 드는 게 당연한데도 자책을 하게 된다. 그러면 관계가 불편해지고 점차 소원해진다. 이를테면 200만 원을 빌려 주면 다음달에 갚겠다고 했던 친구가 6개월이 지났는데도 주지 않는다고 해 보자. 전화를 거는 순간 빚 독촉을 하려는 게 아니라 그냥 안부를 묻는 것인데도 왠지 조심스러울 수밖에 없게 된다. 친구의 입장도 다를 게 없다. 그러므로 그럴 위험은 사전에 차단하는 것이 좋다. 한계를 미리 설정해 두는 것이 필요한 이유다.

사랑하는 사람의 성격을 바꾸려고 하는 것도 마찬가지다. 사랑한다는 이유로 상대방에게 못하는 것을 하라고 강요하는 것은 옳지 않다. 유머가 없는 사람한테 유머러스해지라고 강요해 봐야 그가 하루아침에 바뀔 리 만무하다. 그렇다면 그가 못하는 것들을 인정하고 받아들일 것은 받아들여야 한다. 이처럼 한계를 인정하고 존중해야 관계를 잘 끌고 갈 수 있다.

친한 친구 사이에는 비밀이 없어야 한다고 하는데 그렇다고 굳이 밝히고 싶지 않은 비밀을 털어놓을 필요는 없다. 나를 보호하기 위해 어느 누구에게도 밝히지 않았는데, 단지 친함을 증명하기 위해 비밀을 드러낼 필요는 없다는 것이다.

부모 자식 사이도 마찬가지다. 긴 병에 효자 없다는 말이 있듯 아무리 부모라 해도 병 수발을 해 주는 자식에게 고마워해야 하고 폐를 덜 끼치려고 노력해야 한다. 자식이니까 부모에게 헌신하는 게 당연하다며 아프다는 핑계로 자식에게 막 해서는 안 되는 것이다.

이처럼 각자가 가진 욕심과 욕망이 충돌할 때 한계를 미리 설정해 놓으면 나와 상대방 모두를 보호할 수 있고 관계를 더 안전하게 지속시킬 수 있다. 물론 누군가 나에게 무언가를 기대하고 있다는 걸 뻔히 알면서도 그 기대를 저버리는 건 엄청난 용기가 필요한 일이다. 기대를 저버린다는 건 '당신이 나에게 실망하고 나를 싫어한다고 해도 어쩔 수 없다. 다 받아들이겠다'고 말하는 것과 같기 때문이다.

그렇지만 서로 존중하고 진심으로 아끼는 관계는 각자의 감정을 상하게 하지 않는 선이 어디까지인지 섬세하게 조율할 수 있을 때 만들어진다. 즉 돈을 빌려 주지 않았다는 이유만으로 친구 사이가 틀어진다면 그는 애초에 당신의 진짜 친구가 아닐 확률이 높다.

그러므로 관계를 만들어 갈 때는 먼저 나의 능력이 어디까지인지, 마음이 상하더라도 스스로 회복할 수 있는 감정적 한계가 어디까지인지 파악해 두어야 한다. 그리고 그 한계선을 기준으로 아무리 가까운 사람이라고 해도 내 삶까지 망가질 것 같을 때는 '미안하지만 더는 도와줄 수 없다'고 말할 수 있어야 한다.

특히 자신보다 남을 더 신경 쓰느라 정작 자기 마음이 곪아 터진 것을 보지 못하고, 좋은 관계를 망치고 싶지 않아서 솔직한 감정을 억누르며 혼자 상처받아 온 사람일수록 한계 설정은 반드시 필요하다. 끝까지 사람을 믿고 사람과 더불어 살기 위해 해야 할 최소한의 장치가 바로 한계 설정인 것이다.

CHAPTER 5

만일 내가
인생을 다시 산다면

더 많은 실수를 저질러 볼 것이다

"새는 알을 깨고 나온다. 알은 곧 세계다. 태어나려고 하는 자는 하나의 세계를 파괴하지 않으면 안 된다."

소년 싱클레어가 데미안을 만나 어른으로 성장해 나가는 과정을 그린 헤르만 헤세의 소설 《데미안》에 나오는 구절이다. 모든 성장엔 고통이 따른다. 새로운 세상으로 나아가기 위해서는 내가 머물고 있던 세계를 깨트려야만 하기 때문이다. 그래서 우리는 그것을 '성장통'이라고 부른다. 하지만 성장통을 고통스럽게만 바라볼 필요가 있을까.

알을 깨고 나간다는 것은 그 자체로 매우 신나는 일이다. 갑갑하고 좁은 세계를 벗어나 날개를 확 펼치고 날아갈 수 있는데 그게 얼마나 신나는 일인가. 드넓은 하늘을 훨훨 날면서 느끼게 될 자유를 생각해 보라.

나는 그것을 대학교 연극반 활동을 통해 깨달았다. 나는 고등학교 때까지 사람들 앞에서 책 읽는 것조차 힘들어할 만큼 내성적이고 수줍음이 많았다. 그 성격을 고치고 싶어 대학에 들어가자마자 연극반에 들어갔다. 하지만 막상 발성이며 동작이며, 남들 앞에서 하려니까 용기가 나지 않았고 힘들어서 그만둘까 생각도 여러 번 했다.

그러다 1학년 겨울방학 때 연극 '살아 있는 이중생 각하'에서 맏딸 역을 맡게 되었다. 비중도 크지 않았고 무대 위에선 실수 연발이었지만 그럼에도 첫 공연을 끝냈을 때의 희열은 최고였다. 내가 그 많은 관객 앞에서 연기를 해냈다는 성취감에 너무나 뿌듯한 마음이 들었다. 무언가 내 안에서 불꽃처럼 터지는 것도 느꼈다. 무대 위에서 나는 전혀 다른 사람이었다. 소심하고 부끄러움을 잘 타는 나는 어디론가 사라지고 없었다.

그리고 무엇보다 배역에 몰입해 그 역할을 해낸 경험이 나 자신에 대해 자부심을 갖게 해 주었다. 나는 잘하는 게 하나도 없는 너무나 부족한 사람이라고만 생각했는데 나도 뭔가 해낼 수 있는 사람이라는 자신감을 갖게 된 것이다. 그래서 다음부터는 두려워도 무엇이든 또 도전해 보자는 생각을 하게 되었다.

미국의 철학자 윌리엄 제임스는 자부심은 기대와 성공의 비율에 좌우된다고 말했다. 성공의 경험이 쌓일수록 자부심 또한 강화된다는 뜻이다. 또 자부심은 도전을 두려워하지 않게 만든다.

그렇게 도전하면 할수록 성공의 확률 또한 올라간다. 성공이 성공을 부르는 연쇄 작용이 일어나는 것이다. 그래서 알을 깨고 나아가는 것은 즐겁고 신나는 일이다. 새로운 세상으로 나아간다는 것은 무엇을 배우게 될지 모르지만 어쨌든 예전에는 몰랐던 나를 발견함으로써 또 다른 성장으로 이어지는 계기가 되기 때문이다. 나만 해도 연극을 하지 않았더라면 지금도 사람들 앞에 나서는 것을 여전히 힘들어했을 것이다. 그리고 나중에 정신 치료의 방법으로 사이코드라마를 시도할 때 나는 해 보기도 전에 못 한다고 했을 것이다.

하지만 날이 갈수록 도전은 많은 것을 감수해야 가능한 일이 되어 가고 있다. 세상이 너무 빨리 변해 쫓아가기가 힘들뿐더러 당장 성과를 내지 않으면 도태되고 마는 현실에서 한 번의 도전이 씻을 수 없는 실패가 될지도 모른다는 두려움은 커지게 마련이다. 게다가 경제가 힘들어지면서 우리가 탄 컨베이어 벨트 또한 더욱 좁아지고 경쟁은 더더욱 치열해지고 있다. 즉 성공할 확률보다 실패할 확률이 더 높아지고 있는 것이다. 누구도 함부로 타인에게 뭐든 도전해 보라고 권하지 못하는 이유다. 하지만 그렇게 움츠러들면 들수록 경험한 게 너무 없어서 세상의 변화에 발맞추기는커녕 점점 도태되어 버리고, 그만큼 자존감은 떨어지게 된다.

예전에 국립정신병원에서 일할 때 나는 전문의 시험을 통과하기에 약간 불안하거나 몇 차례 떨어진 레지던트들을 맡아 가르친 적이 있었다. 그중 한 레지던트는 무려 세 번이나 전문의 시험에 떨어진 후 어두운 얼굴로 나를 찾아왔다.

그런데 그가 내민 진찰 기록들을 보고는 깜짝 놀랐다. 누가 봐도 너무 엉망이었던 것이다. 빨리 그 기록을 선배들에게 보여 주고 도움을 구했더라면 세 번이나 떨어지는 불상사는 막을 수 있었을 것이다. 안타까운 마음에 왜 그랬느냐고 물었더니 그가 말했다. 선배들에게 모르니까 가르쳐 달라고 하면 자신이 모자라고 부족한 사람으로 낙인찍힐까 봐 두려웠단다. 그래서 무엇이든 혼자 해결해 보려고 노력했는데 일은 더디고 결과도 좋지 못했다고 했다. 실수와 실패를 거듭하면서 나중에는 새로운 일에 도전하는 것 자체를 꺼리게 되었고, '나는 뭘 해도 안 되는 사람이구나' 하는 무력감에 빠져 아무것도 하지 못했다는 것이다.

쇠사슬로 발목이 묶인 채 자란 코끼리는 충분히 쇠사슬을 끊을 만큼 힘센 코끼리가 되어도 그것을 끊지 못한다고 한다. 어릴 때 쇠사슬을 끊지 못했던 기억이 코끼리를 자포자기 상태로 만들어 버리는 것이다. 이처럼 충분히 그 상황을 헤쳐 나갈 능력이 있음에도 과거의 실패 때문에 지레 포기하는 것을 '학습된 무기력'이라고 한다. 실패의 경험은 점점 더 도전을 어렵게 하고 성취와 멀어지게 만든다. 그런데 그런 상황일수록 작은 도전과 성취가 중요하다.

여행을 한 번도 해 보지 않은 사람에게 혼자 해외여행을 가라면 무리일 수 있지만 아직 안 가 본 가까운 곳을 친구와 함께 가 보라고 하면 그리 어렵지 않게 시도해 볼 것이다. 그렇게 한두 번 가 보면 자연스럽게 더 멀리 가고 싶은 마음이 들게 되고 나중에는 혼자서도 해외여행을 갈 용기를 내게 된다.

이처럼 작은 도전에 성공을 거두면 다음 도전이 더욱 쉬워지게 마련이다. 도전도 무기력과 마찬가지로 학습되기 때문이다. 그렇게 해서 성공이 쌓일수록 우리는 실패 가능성보다 성공 가능성을 더욱 크게 보고, 실패하더라도 그 역시 성공을 향한 과정이라고 여기며 재도전하게 된다.

다시 말하지만 알을 깨고 나가는 건 무척 신나는 일이다. 몸집이 커져 어느새 답답해져 버린 알을 깨고 나와 세상을 훨훨 날아다니는데 어떻게 신나지 않겠는가. 무엇보다 그렇게 만난 세상은 우리에게 새로운 경험을 안겨 준다. 어찌 보면 삶은 행동하고 느끼고 생각하는 것, 다시 말해서 경험 그 이상도 이하도 아니다. 다양한 경험이야말로 우리의 삶을 다채롭게 만들어 준다. 철학자 파스칼의 잠언대로 우리가 인생에 대해 취할 수 있는 최선의 전략은 삶을 우리가 우주를 경험할 수 있는 유일무이한 기회라고 가정하고, 그 시간을 최대한으로 활용하는 것뿐이다.

그러니 더는 실수와 실패가 두려워 다가오는 기회들을 놓치지 않았으면 좋겠다. 살아 보니 웬만한 실수와 실패로는 인생이 무너지지 않는다. 설령 이혼을 하고, 회사를 그만둔다 해도 마음만 먹는다면 다시 잘 살아갈 수 있다는 말이다. 그러므로 작은 실수 하나도 용납하지 못하고 자책하면서 스스로를 너무 몰아세우지 않기를 바란다.

나는 요즘 병 때문에 움직이는 게 힘들다 보니 집 밖으로 나가는 것 자체가 쉽지 않아 대부분을 집에 머무르고 있다. 새로운 세상을 경험해 볼 수 있는 기회가 많지 않다는 뜻이다. 그럼에도 내가 잘한 게 하나 있다면 끊임없이 작은 도전들을 멈추지 않았다는 것이다. 물방울 사진들을 찍어 전시회를 열었고, 스마트폰으로 그림을 그려 책을 냈으며, 새로운 사람들을 만나 또 다른 도전을 준비 중이다. 내가 사진가들처럼 사진을 잘 찍어서 전시회를 연 것은 결코 아니다. 화가처럼 그림을 잘 그려서 그림 에세이를 낸 것도 아니다. 다만 나는 내가 새롭게 알게 된 자연의 아름다움을 사람들과 나누고 싶었고, 몸을 잘 움직일 수 없는 답답한 상황이었지만 스마트폰 그림을 그리며 그 세계에 빠져들어 자유를 만끽할 수 있었는데 그 마음을 사람들과 나누고 싶었을 뿐이다.

그런데 몇몇 사람들에게 "네가 찍은 물방울 사진들을 보고 있는데 정말 아름답더라", "선생님이 그린 삐뚤빼뚤 그림들을 보는데 저도 모르게 마음이 편안해졌어요"라는 말을 들었다. 그거면 충분히 새로운 도전을 한 의미가 있지 않을까. 무엇보다 새로운 도전들을 하며 나의 삶은 훨씬 재미있고 풍성해졌다.

그러니 길을 걸을 때 매일 똑같은 길로만 걷지 말고, 한 번쯤은 새로운 길로 가 보길 권한다. 음식을 먹을 때도 한 번쯤은 새로운 음식에 도전해 보라. 친구를 만날 때도 늘 가던 장소가 아닌 아주 낯선 곳에서 만나 보라. 그리고 뭐든 재미있어 보이는 게 있으면 결과와 상관없이 한번 시도해 보라. 그렇게 새로운 경험을 수없이 해 본 사람과 매일 똑같은 행동만 반복하는 사람의 내일은 다를 수밖에 없다.

만일 내가 인생을 다시 산다면, 더 많은 실수를 저지르며 살고 싶다. 쏜살같이 지나가는 시간 속에서, 나는 더 많은 도전을 하고 웬만한 일은 두려워하지 않을 것이다. 그렇게 쌓인 경험들이 얼마나 값진지를 알기 때문이다.

나이듦을 두려워하지 않을 것이다

말하기 부끄럽지만 10대 때는 나이 든 사람들을 보면 '무슨 재미로 이 세상을 사나' 생각했었다. 표정 없는 지친 얼굴 위에 깊게 패인 잔주름이 고된 세월과 그들의 시름을 말해 주는 것 같았다. 그래서 저렇게 살 바엔 차라리 늙기 전에 죽고 싶다는 생각을 하기도 했다.

그런데 어느새 나도 그만큼 나이를 먹어 버렸다. 내 몸과 마음 구석구석에는 세월의 흔적들이 새겨져 있다. 그러나 다행히 10대 때 품었던 두려움은 괜한 것이었음을 알게 되었다. 나는 요즘 산다는 게 너무도 재미있고 흥미롭다. 그래서 만일 10대 때의 나처럼 생각하는 아이를 만난다면 자신 있게 얘기해 주고 싶다. "나이 든다는 것은 그렇게 무섭고 슬픈 일은 아니란다. 그건 나름대로 참 좋은 일이야. 세월은 젊음을 앗아가지만 그만큼의 다른 선물을 주거든."

물론 탄력 있는 피부와 생기 넘치는 예쁜 얼굴, S라인의 탄탄한 몸매와 초콜릿 복근의 역삼각형 몸매 등 젊음을 숭배하는 현대사회에서 나이 든다는 것은 인류학자 마거릿 미드의 말처럼 "젊은이들의 세상에 이민 온 이방인"이 되어 버리는 쓸쓸한 일일지도 모른다. 그럼에도 나는 지금의 내가 좋다. 이삼십 대 시절의 예민함이나 방황, 열정이 가져다 주는 고통을 또다시 경험하고 싶지는 않기 때문이다.

인생의 의미를 찾아 방황했던 10대, 닥치는 대로 공부하며 정신없이 보낸 20대, 가정을 꾸리고 두 아이를 키우며 치열하게 보낸 30대, 꿈을 펼쳐 보려고 했더니 병이 찾아온 40대를 넘어 병마와 싸우며 60대 중반에 들어선 지금까지…. 돌이켜 보면 참 많은 일이 있었는데 그 일들을 거쳐 지금의 내가 있다. 그리고 그렇게 세월을 거치며 단단해진 나 자신이 좋고, 세상에 대해 좀 더 깊은 이해를 하게 되고, 웬만한 일들은 수용할 수 있는 여유로움을 갖게 된 지금이 좋다. 어떻게 살아야 행복한지, 삶에서 진정으로 중요한 게 무엇인지 볼 수 있는 눈 또한 세월이 내게 준 소중한 선물이다.

70세가 넘은 남자 환자가 한 명 있었다. 그는 오래전부터 잠을 못 자고 우울하고 사는 데 별 재미를 못 느껴 병원을 다니기 시작했다. 그는 항상 얼굴에 수심이 가득했고, 이것저것 걱정이 많았고, 모든 일에 짜증이 난다고 했다. 자식들도 다 잘 커서 결혼했고, 남들이 부러워할 만큼 돈도 벌었고, 집안엔 아무런 문제가 없는데도 그는 자기 삶에 만족하지 못했다. 그는 올 때마다 재산이 100억이 넘고, 골프와 승마 그리고 해외여행으로 여가를 보낸다고 자랑하듯 말하면서도 "재산을 관리하기 힘들다", "세입자들이 말을 안 듣는다"는 등의 불평불만을 늘어놓곤 했다.

그러던 어느 날 그는 전혀 다른 얼굴로 병원을 방문했다. 주름살은 보톡스로 다 펴고, 약간 처진 눈은 쌍꺼풀 수술로 올리는 등 얼굴 전체를 고쳐 40대 같은 모습으로 나타난 것이다. 그러면서도 또 잠이 안 온다, 사는 게 재미없다는 말을 반복했다.

나는 그를 볼 때마다 무척 안타까웠다. 충분히 행복할 만한 여건인데, 의미 있고 보람차게 살 기회도 많을 텐데, 그는 자신에게서 떠나가는 것들을 놓지 못해 행복할 기회마저 놓치고 있었다. 게다가 어쨌든 수술을 해서 젊어 보임에도 불구하고 여전히 만족하지 못하고 불평불만만 늘어놓고 있었다.

노년 역시 우리 자신의 책임 아래 있다. 지금까지 열심히 살아왔다고 해서 세상의 심판으로부터 면죄부를 받을 수는 없다. 그런데 많은 노인들이 "요즘 젊은이들은 노인 대접을 할 줄 몰라" 하고 불평한다. 그러나 이제까지 살아온 것에 대해 대접 받기만을 바란다면 그것은 스스로 해야 할 일을 포기하고, 스스로의 삶에 대한 권리를 포기하는 것이나 마찬가지다.

만일 누군가가 자신의 무료함을 달래 주길 바라고, 불평불만을 늘어놓기에 바쁘며, 이기적이고, 쉽게 포기해 버리고, 주변 사람들과 자주 다투고, 신체의 작은 아픔에도 지나치게 집착하며 염려한다면 우리는 때로 다음과 같이 말해야 한다.

"우리에게 어떻게 당신의 사소한 모든 일에, 또 작은 불평들에 대해서 일일이 신경 써 달라고 하실 수 있습니까?"

교육학자 버틀러는 아무리 노인이라도 도덕적인 잘못이나 행동까지 너그럽게 이해해서는 안 된다고 지적한다. 노인도 탐욕스러울 수 있고, 다른 사람에게 상처를 줄 수 있으며, 또 해서는 안 될 실수를 할 때도 있다. 그런데도 노인이기에 책임감과 죄책감으로부터 면죄부를 주는 것은 오히려 그의 인간성을 모욕하는 것이나 다름없다.

가만히 주위를 둘러보면 유명한 사람이 아니어도, 눈에 띄는 업적을 이루지 못했어도 살아 있다는 자체만으로도 주변에 온기를 주는 노인들이 얼마든지 있다. 병든 아들의 약을 타러 한 달에 한 번씩 지하철의 가파른 계단을 오르내리는 여든네 살의 어느 할머니는 "그래도 산다는 건 참 신나고 좋은 일이야"라고 말해서 나를 부끄럽게 만들었다. 교육자인 몬테소리는 말한다.

"나는 이제 아흔한 살이고 머리끝에서 발끝까지 관절염을 앓고 있다. 그러나 시력이 좋아 아직 읽을 수 있다. 고맙게도 나는 읽을 수 있다. 오, 나의 사랑하는 책이여!"

매스컴이 병들고 외롭고 비참한 노인들의 모습만 부각시킨 탓에 사람들은 마치 그것이 노인의 전형적인 모습인 양 겁먹는다. 그러나 실은 그런 모습은 젊은이에게서도 찾아 볼 수 있다. 젊은 사람들도 직장을 잃을 수 있고, 갑자기 병에 걸릴 수 있으며, 급격한 체력 저하나 성하지 않은 치아 때문에 고민할 수 있다. 단지 노년에 그런 상황이 생길 확률이 높다는 것일 뿐 그것이 노인의 특성은 아니다. 이러한 사실은 우리에게 삶이 그렇게 되지 않도록 충분히 대처할 수 있음을 알려 준다. 철학자 플라톤도 말했다. "늙음에 만족할 때 늙음을 지탱할 수 있지만 늙음에 만족하지 못한다면 늙음 자체가 참을 수 없는 고통이 된다. 이것은 젊음에도 해당된다"라고 말이다.

만일 우리가 삶을 지루해하거나 따분해하지 않는다면, 우리가 돌봐야 할 사람이나 일이 있다면, 우리가 피할 수 없는 상실을 견뎌 낼 수 있을 정도로 개방적이고 융통성이 있다면 늙는다는 게 그리 두려운 일은 아니다. 노년을 향한 행진은 이미 유아 시절부터 시작되었으며, 그동안 경험한 수많은 상실은 마지막 상실을 맞이할 수 있도록 우리를 단련시켜 왔다.

그럼에도 좀 더 유쾌하게 나이 들기 위해서는 자기를 초월할 수 있는 능력이 필요하다. 그것은 나 이외의 타인에게 관심을 갖고 이 세상을 향해 시선을 돌리는 것을 말한다. 이는 다른 사람들의 기쁨을 내 기쁨처럼 느낄 수 있는 능력이며, 나의 흥미와 직접적인 관련이 없는 일들에도 관심을 가질 수 있는 능력이며, 비록 내가 살 세상은 아니지만 다음 세대를 위해 미래에 투자할 수 있는 능력을 말한다.

이처럼 자기 초월 능력을 가지면 머지 않아 죽을 것이라는 사실을 깨달을 때 밀려오는 허무감을 극복하고 내 인생에 의미를 부여할 수 있게 된다. 이는 내가 죽어도 다음 세대를 통해 생명은 이어지며 세상은 존속한다는 믿음을 근거로 한다. 이러한 믿음은 할아버지 할머니로서, 스승으로서, 조언자로서 내가 남긴 것들이 - 그것이 지적인 것이든 영적인 것이든 혹은 물질적인 것이든 간에 - 사라지지 않고 다음 세대에 전해질 것이라는 생각을 하게 만든다.

그래서 정신적, 물질적 유산을 남기려는 노력은 노인들에게 현재를 살아갈 수 있는 힘을 준다. 또 지난 과거에 대한 강박적인 집착을 멈추고 현재에 충실하게 만든다. 이 세상의 세세한 부분을 듣고 보고 느끼며 그것에 감탄하고, 감사할 수 있는 능력을 키우게 되는 것이다.

어떻게 늙는 것이 잘 늙는 것인지에 대한 정답은 없다. 노년기는 활동적이고 혈기왕성한 시기가 될 수도 있고, 한 발 뒤로 물러난 고요한 시기가 될 수도 있다. 또 우리가 이제껏 알고 행해온 것들을 다지거나 혹은 탐험을 시작하는 시기가 될 수도 있다. 안락의자에 앉아 몸을 흔들며 노년기를 보내는 것이 어떤 노인에게는 좋은 시간이 될 수도 있다. 인생을 어떻게 살아야 한다는 특별한 기준은 없다. 각자 자신이 살아온 방식대로, 혹은 자신에게 가장 만족스러운 방식대로 살아가는 것이 최선의 삶이다.

나이 듦을 어떻게 바라볼 것인가에 대한 내 이야기가 너무 싱겁다고 느낄지도 모르겠다. 하지만 나는 이렇게 말하고 싶다. 결국 중요한 것은 두려워하지 말아야 한다는 것이다. 노인들은 이제껏 그들의 인생을 살아오면서 크고 작은 굴곡을 지나고 삶의 쓴맛 단맛을 다 경험하며 성실하게 자신의 운명을 개척해 왔다. 앞으로도 계속 그렇게 나아가면 된다. 우리가 어린 시절부터 쭉 그래왔듯이. 다만 '내 인생은 결국 내 책임'이라는 사실 하나만 정확히 알고 있으면 된다.

그런 의미에서 나는 오십이 넘으면서부터 종종 어떤 할머니가 되고 싶은지 그려 보곤 했다. 그때 나는 미처 발견하지 못했던 세상의 세세한 부분에 감탄하며 더 많은 것들을 보고 듣고 느낄 수 있는 할머니가 되고 싶다고 했었다. 생의 불합리와 부조리를 웃어 넘기는 여유와 포용력을 가진, 따뜻하고 유쾌한 할머니가 되고 싶다고, 손주들이 힘들 때 마음 놓고 푸념할 수 있는 할머니가 되면 참 좋겠다고도 했다. 그럼에도 솔직히 아들과 딸이 결혼을 하고 아이를 낳는 것이, 그래서 내가 할머니가 된다는 것이 상상이 가지 않았다.

그런데 어느덧 세월이 흘러 나에게는 두 명의 손자가 생겼다. 그렇게 막상 할머니가 되어 보니 50대 때 내가 생각했던 것들이 욕심이었다는 생각이 든다. 너무 완벽한 할머니 상을 그리고 있었다는 생각이 드는 것이다. 왜냐하면 나는 아직 너무 서툰 초보 할머니이기 때문이다. 집에 놀러 온 지 얼마 되지 않았는데 손자들이 가겠다고 하면 서운해서 그 마음을 감추지 못하고, 결혼한 딸에게 왜 자주 집에 오지 않느냐고 푸념을 늘어놓기도 한다. 무엇보다 손자들이 커가는 모습을 오래도록 지켜봐 주고 싶은데 그럴 수 없을까 봐 마음이 조급해진다. 그래서 나에게는 이 모든 순간순간이 귀한데 그런 내 마음을 몰라 주는 딸과 손자들에게 종종 서운한 마음이 든다. 그럴 때마다 나는 참 멀었다는 생각을 하게 된다. 언제쯤 나는 따뜻하고 유쾌한 할머니가 될 수 있을까.

그나마 다행인 것은 나에게는 아직 시간이 남아 있고, 그 시간 동안 조금은 노력해 볼 수 있다는 것이다. 그래서 나는 여전히 나의 미래가 기대된다. 그것이 내가 나이 듦을 두려워하지 않고 기꺼이 받아들이는 이유다.

상처를 입더라도
더 많이 사랑하며 살 것이다

언젠가 병원에 열일곱 살의 여학생이 찾아왔다. 그녀는 학교도 안 가고, 친구도 안 만나고, 집 밖에도 안 나가고, 심지어 밥도 잘 챙겨 먹지 않았다. 엄마 손에 이끌려 억지로 진료실 의자에 앉은 그녀는 그저 멍하니 허공만 응시할 뿐이었다. 뭘 물어도 묵묵부답으로 일관하던 그녀가 입을 연 것은 몇 달이 지나서였다.

"선생님, 사람이 왜 살아야 하죠? 열심히 공부하고 좋은 직장 가져서 뭐해요? 결혼해서 애 낳으면 또 뭐하고요? 그래 봤자 어차피 다 죽을 텐데."

맞다. 인간은 죽는다. 게다가 광대한 우주와 아득한 시간 속에서 바라보면 살다 간 발자국 하나 제대로 남기지 못하는 미미한 존재가 바로 인간이다. 그럼에도 불구하고 사람들은 살아간다.

유한한 삶에도 불변의 가치와 무한한 의미가 있다고 믿으면서. 또 그것을 이해하고, 지키고, 후대에 남기려고 노력하면서 산다. 그러고 보면 산다는 것 자체가 기적이다. 죽음이라는 숙명 앞에서도 허무주의에 빠지지 않고 살아가니 말이다. 그리고 나는 이 기적이 사랑으로부터 나온다고 믿는다.

우리는 누군가에게 사랑을 받음으로써 자신이 얼마나 가치 있는 사람인지 경험한다. 또 누군가를 목숨보다 사랑했던 경험은 이 세상에 '나'를 초월한 어떤 가치가 있음을 느끼게 한다. 뿐만 아니라 사랑에 빠졌을 때의 합치감과 시간이 정지된 듯한 느낌은 우리의 한시적인 인생에도 영원성이 있음을 깨닫게 한다. 즉 유한한 삶에서 무한한 가치를 체험하게 하는 것, 그것이 바로 사랑이다.

하지만 그녀는 내 말을 믿지 못하겠다는 듯 말했다. 그래 봐야 뭐하냐고. 어차피 죽을 텐데, 사랑 때문에 죽음이 더 고통스러울 뿐이라고. 차라리 사랑도 모른 채 생을 마감하는 편이 훨씬 편할 거라고. 나는 삶의 의미를 찾아 헤매는 그녀에게 대답 대신 소설을 하나 권했다. 시한부 인생을 살아가는 열일곱 소녀와 소년의 사랑을 그린 《잘못은 우리 별에 있어》였다.

헤이즐은 열일곱 살의 갑상선암 말기 환자다. 암이 폐에까지 전이되어 죽음 직전까지 갔지만 다행히 '팔란키포'라는 신약이 암세포의 성장을 막아 주어 여분의 삶을 얻었다. 그녀는 언제 죽을지 모르는 자신의 삶을 마치 언제 터질지 모르는 '수류탄' 같다고 생각한다. 사상자 수를 최대한 줄이려면 어딘가 틀어박혀 있어야 하는 수류탄이라고. 그녀의 목표는 하나다. 가능한 한 남은 사람들에게 상처를 주지 않고 이 세상을 떠나는 것이다.

하지만 그런 그녀에게도 운명처럼 사랑이 다가온다. 환우들의 모임에서 훤칠한 키에 미소가 매력적인 어거스터스를 만난 것이다. 그 역시 암으로 오른쪽 다리를 절단해야 했던 아픔을 안고 있다. 첫눈에 사랑에 빠진 두 사람은 책을 바꿔 읽고, 좋아하는 밴드의 음악을 함께 듣고, 게임을 같이 하고, 헤이즐이 존경하는 작가를 만나기 위해 같이 암스테르담을 여행하는 등 여느 10대들처럼 사랑을 쌓아 나간다.

그러나 어느 날 죽음이 찾아와 어거스터스의 목숨을 앗아가고 만다. 그 뒤 헤이즐은 한 통의 편지를 받게 된다. 어거스터스가 죽기 직전 헤이즐이 존경하는 작가에게 보낸 편지였다. 어거스터스는 훗날 있을 헤이즐의 장례식 추모사를 작가에게 대신 써 달라는 부탁을 했던 것이다. 편지에서 어거스터스는 헤이즐의 병세가 위독해져 집중 치료실에 입원했을 때 몰래 들어가 그녀를 살펴보던 날의 이야기를 꺼낸다. 그날은 마침 그의 몸에 암세포가 빼곡하게 퍼졌다는 소식을 전해 들은 날이기도 했다. 즉 두 사람 모두 한없이 죽음에 가까워졌던 날인 셈이다.

"그 애의 가슴에서는 검은 암세포 수액이 계속 나왔고, 눈은 감겨 있고, 몸에 관이 삽입되어 있었어요. 하지만 그 애의 손은 여전히 그 애의 손이고, 여전히 따뜻하고, 손톱에는 짙은 파란색이

칠해져 있었죠. 난 그냥 그 애의 손을 잡고 우리가 없는 세상을 상상해 보려고 했어요. 잠깐 동안 난 그 애가 먼저 죽어서 나 역시 죽어 간다는 걸 절대로 모르길 바라는 착한 사람이 되었죠. 하지만 그러다가 우리가 사랑할 시간이 더 있으면 좋겠다고 생각하게 됐어요. 소망을 하게 됐죠. 난 나만의 상처를 남긴 거예요. (중략) 난 그 애를 사랑해요. 그 애를 사랑할 수 있어서 난 정말로 행운아예요. 이 세상을 살면서 상처를 받을지 안 받을지를 선택할 수는 없지만 누구로부터 상처를 받을지는 고를 수 있어요. 난 내 선택이 좋아요. 그 애도 자기 선택을 좋아하면 좋겠어요.”

어거스터스와 사랑에 빠지지 않았다면 헤이즐은 원하던 대로 조용히 눈을 감을 수 있었을지도 모른다. 하지만 그 삶이 더 의미 있다고 말할 수 있을까? 결코 그렇지 않을 것이다. 헤이즐은 어거스터스를 사랑함으로써 ‘언제 터질지 모르는 수류탄’도 충분히 사랑받고 사랑할 수 있음을, 또 그것은 절대 저주가 아니라 특권임을 깨닫게 되었다.

사랑은 사람을 변화시킨다. 헤이즐은 몇 년간 암에 지배당한 몸뚱이를 비로소 사랑하게 되었다. 또한 암과의 싸움에서 필패할 시한부 인생도 투쟁할 만한 가치가 있다고 느끼게 된다. 거대한 시간의 흐름 속에 미미한 흔적조차 남기지 못할 짧은 생에도 살아갈 의미가 있다고 믿게 된 것이다.

사람은 언젠가 죽는다. 그래서 사람들은 어떻게든 살다 간 흔적을 남기려고 애를 쓴다. 거대한 건물을 짓고 드높은 명예를 위해 목숨도 내놓는다. 그러나 나는 사람이 남길 수 있는 가장 훌륭한 흔적은 사랑이라고 믿는다. 사랑을 하면 상처 또한 피할 수 없지만 사랑은 삶을 더욱 가치 있게 만들어 주고 사람을 더욱 나은 사람으로 만들어 준다. 또한 죽음 앞에서도 허무함에 빠지지 않게 해 준다. 그래서 톨스토이는 자신의 책에서 이와 같이 말했다.

중국의 현자가 물었다. "학문이 무엇입니까?" 그러자 이렇게 답했다. "사람을 아는 일이다."
또다시 질문했다. "선(善)은 무엇입니까?" 현자가 말했다. "사람을 사랑하는 일이다."

내가 죽는 날을 상상해 본다. 내 옆에서 두려움에 벌벌 떠는 나의 손을 꼭 잡아 주고 '사랑한다'고 속삭여 줄 사람이 있다면, 그리고 내가 '사랑한다'고 말해 줄 사람이 있다면…. 그럴 수 있다면, 그것은 내가 생에서 누려야 할 사랑을 충분히 주고받았다는 증거일 것이다. 그리고 그 순간은 비루했던 내 인생이 비로소 완성되는 시간일 것이다.

나는 나의 길을 걷고,
아이는 아이의 길을 걷게 할 것이다

"아이를 사랑하는 엄마는 아이가 혼자 서는 법을 가르친다. 엄마는 아이로부터 떨어져서 언제라도 아이에게 팔을 뻗을 준비가 되어 있지만 아이를 붙들어 주지는 않는다. 아이가 넘어질 듯이 뒤뚱거리면 엄마는 마치 아이를 잡아 주는 것처럼 허리를 구부린다. 그러면 아이는 자신이 혼자 걷는 게 아니라는 믿음을 갖게 된다. 게다가 자신을 보고 있는 엄마의 얼굴에서 아이는 격려와 칭찬을 읽는다. 아이는 엄마의 얼굴을 바라보며 별 어려움 없이 자신의 길을 가게 된다. 아이는 자신을 잡아 주지는 않지만 곁에 있는 엄마의 손을 의지하여 걷는다. 아이는 언제라도 필요하다면 엄마의 품이라는 피난처로 뛰어들 수 있다. 아이는 자신이 엄마를 필요로 한다는 것을 의심치 않지만, 엄마 없이도 혼자

할 수 있다는 것을 증명해 보인다. 왜냐하면 그는 지금 혼자 걷고 있기 때문이다."

철학자 키에르케고르가 말한 어머니의 역할이다. 이렇게 혼자 서는 법을 배운 아이는 점점 부모의 손길을 필요로 하지 않게 되고 언젠가 부모의 품을 훌쩍 떠나 자신만의 길을 걸어가게 된다. 부모의 입장에서 보면 아이를 떠나보내는 과정이다. 아무것도 할 수 없어 내가 지켜 주지 않으면 안 된다고 여겼던 아이를 떠나보내는 과정인 것이다.

부모라면 누구나 아이의 수호천사가 되어 모든 위험으로부터 아이를 지키고자 한다. 그러나 그 생각이 지나치면 아이가 위험한 세상을 스스로 헤쳐 나갈 수 있도록 돕지 못하고, 아이가 위험에 처하면 어떡하나 싶어 한시도 아이 곁을 떠나지 못한다.

그런데 자세히 보면 부모들의 이러한 불안은 어린 시절의 상처로부터 출발한다. 어릴 적 부모와 헤어지거나 부모로부터 사랑받지 못한 사람들에게는 아직도 그 상처가 남아 있다. 그래서 내 아이가 상처받지 않도록 아이 곁을 떠나지 않겠다고 하지만 실은 어릴 적 사랑받지 못한 자신의 상처를 어루만지고 있는 것이다.

이런 불안까지는 아니더라도 부모는 아이가 자신으로부터 떠나가는 것을 쉽게 받아들이지 못한다. 왜냐하면 많은 부모들이 아이를 자신의 분신으로 착각한다. 그래서 자신이 살지 못한 삶을 자식에게 투사하는 잘못을 저지른다. 자신이 못다 이룬 꿈을 아이가 이루어 주기를 바라고, 아이가 자신보다 더 나은 사람이 되기를 바란다. 남들보다 발달도 빠르고, 똑똑하며, 재능도 많고, 인기도 많고, 공부도 잘해 좋은 대학에 들어가서 모든 사람들이 부러워하는 직장에 들어가고, 좋은 짝을 만나 돈 걱정 없이 살기를 기대하는 것이다.

물론 이러한 기대가 충족될 수도 있지만 그럴 확률은 매우 낮다. 내 아이가 내성적이어서 리더가 되지 못할 수도 있다. 내 딴에는 아이의 행복과 성공을 위해 깊이 생각해서 짠 계획들이 아이의 관점에서는 싫거나 맞지 않을 수도 있다.

또한 아이들은 결코 부모가 바라는 대로 자라 주지 않는다. 조금만 자라 혼자 걷기 시작하면 곧 자기 멋대로 하려 하고, 부모의 관심과 염려를 간섭이라며 짜증 낸다. 아이가 나 없이 아무것도 할 수 없다는 사실은 막중한 책임감을 필요로 하지만, 한편으로 부모들에게 생의 유일한 기쁨을 선사하기도 한다. 그런데 아이가 "나도 할 수 있어"라며 부모의 손을 거부하기 시작하면 그것은 부모로 하여금 '내가 아이에게 덜 필요하고 덜 중요한 사람이 되는구나'라는 생각을 하게 만든다. 하지만 어쩌겠는가. 그것이 인생의 순리다. 아이가 커 가면서 부모를 필요로 하는 시간이 줄어드는 것은 지극히 당연하다.

한 엄마가 아이를 학교에 데려다 주면서 다른 엄마를 만났다. 그들은 곧 수다를 떨기 시작했다.

"학교 가는 길이세요? 우리는 참 운이 좋네요. 학교생활도 재미있고, 선생님도 잘 만났으니."

이때 아이가 화가 난 목소리로 끼어들었다.

"엄마가 학교에 가는 게 아니라 내가 가는 거예요."

이 경우 아이가 자라서 떠날 때 상처받는 쪽은 다름 아닌 어른인 부모다. 아이가 나와는 다른 독립된 인간이며, 언젠가 내 품을 떠날 존재인 줄 알면서도 그 사실을 받아들이는 게 결코 쉽지 않은 것이다. 그래서 아이에게 혼자 설 수 있는 법을 가르쳐야 할 시간에 아이와 제대로 떨어지는 법을 몰라 부모와 아이 모두 상처 입는 경우가 허다하다.

아이를 떠나보낸다는 것은 결국 아이 스스로 자신의 인생을 선택할 권리가 있음을 존중해 주는 것이다. 부모인 내가 바라는 아이가 아니라 그냥 자기 자신이 되도록 놔두는 것이다. 그러기 위해서는 내가 못다 이룬 꿈을 아이가 대신 이뤄 주기를 바라는 기대를 포기해야 한다. 무의식중에 내 아이는 예쁘고, 말 잘 듣고, 똑똑하고, 훌륭하게 자랄 것이라고 믿었던 이상적인 아이의 모습도 떠나보내야 한다. 지금 내 앞에서 나를 보며 웃고 있는 그 아이 자체를 그대로 받아들여야 하는 것이다. 그래서 나의 생각이나 기대에 맞추는 게 아니라 아이의 보폭과 시각에 맞춰 같이 갈 수 있어야 한다.

부모에게는 부모의 길이 있고, 아이에게는 아이의 길이 있다.

그러므로 부모가 아이에게 해 줄 수 있는 최선은 자신의 길을 잘 걸어가는 것뿐이다. 그것을 인정하는 것이 아이와의 이별을 준비하는 첫 마음이 되어야 한다. 나는 가끔 어느새 다 커서 엄마가 된 딸과 30대 청년이 되어 버린 아들을 보면서 생각한다. 나는 나의 길을 잘 걸어가고 있는가.

한 번쯤은 무엇에든 미쳐 볼 것이다

평소에는 시간도 잘 안 가고 사는 것도 지루하고 재미없는데, 이상하게도 시험 때만 되면 이것저것 하고 싶은 게 많아지고 보고 싶은 영화와 책도 많아지며 삶에 의욕이 넘친다. 그래서 항상 결심을 한다.

'이번 시험만 끝나 봐라. 읽지 못하고 쌓아 둔 책들도 다 읽고, 영어 공부도 더 하고…. 이전처럼 게으르게 빈둥거리면서 살지 않겠어.'

그런데 웬걸 시험만 끝나면 그동안 정신을 일깨웠던 신선한 의욕과 결심은 어디론가 사라지고 또다시 마지못해 해야 할 것들만 겨우 하며 빈둥거리기 시작한다. 다음 시험 기간이 되면 또다시 의욕은 살아나지만 애석하게도 그때는 시험 공부를 해야 하기 때문에 건전한 의욕은 항상 뒤로 미뤄지게 마련이다.

나 또한 그랬다. 그러면서도 도대체 내가 왜 그러는지 의아했다. 아니, 시간이 많을 때는 아무것도 안 하고 빈둥거리다가 막상 시험 때만 되면 왜 그렇게 하고 싶은 게 많아지느냔 말이다. 막연히 시험 공부가 하기 싫으니까 다른 것을 하고 싶은가 보다 하고 생각했는데 진짜 이유는 다른 데 있었다.

시험 공부에 몰두하기 시작하면 동력 시스템이 활성화된다. 잠자고 있던 뇌의 의욕적인 부분들이 꽈리 터지듯이 여기저기서 톡톡 터지기 시작하면서 다른 의욕과 호기심도 같이 잠에서 깨어나는 것이다. 그래서 시험 때만 되면 얄궂게도 하고 싶은 게 많아질 수밖에 없다.

사실 시험 공부처럼 하기 싫은 게 어디 있으랴. 그러나 다들 한 번쯤 경험했을 것이다. 밤새 어려운 문제 하나를 붙들고 씨름하다가 새벽녘쯤 그 문제를 풀었을 때의 기쁨과 뿌듯함을. 그럴 때는 밤이 언제 갔는지 새벽이 언제 왔는지조차 모른 채 그 문제에 집중한다. 어쩌면 문제를 풀었다는 사실보다 내가 무엇엔가 몰두하고 있었다는 사실이 더 기뻤는지도 모르겠다. 왜냐하면 밤새 문제를 못 풀었을 때조차 아침에는 왠지 모를 뿌듯함과 충만함으로 가슴이 벅찼으니까.

무엇엔가 미쳐 본 적이 있는가? 마치 열애라도 하듯 무엇엔가 풍덩 빠져 본 적이 있는가? 자나 깨나 그 생각이요, 그 생각만 하면 가슴이 뜨겁고 두근거리며, 그 일을 할 때면 자신조차 잊어버리는 무아지경에 빠져 본 적이 있는가 말이다. 만일 그렇다면 당신은 이제 무엇이든 할 수 있는 사람이다. 왜냐하면 당신은 무언가에 미쳤을 때 느끼는 환희와 그것이 가져다주는 자신감, 성과를 이미 경험했기 때문이다.

나에겐 연극이 그랬다. 대학교 연극 동아리에 들어가 연극을 접한 뒤로 나는 차츰 연극에 미쳐 갔다. 돈만 있으면 연극을 보고 연극 관련 책을 사서 읽었으며, 누구보다 연습실에 먼저 나가 연기 연습을 했고, 길을 가다가도 내가 맡은 배역을 생각했다. 추운 겨울엔 두 달 내내 연습실에 연탄을 때 가며 공연을 준비했다. 다행히 연기 실력도 조금씩 늘어 본과 4학년 때는 연극 '노비문서'에서 취발이라는 남자 광대 역할을 맡아 탈춤부터 디스코까지 소화해 내며 무대를 휘젓고 다니기에 이르렀다. 그러다 연출가에게서 연기를 더 할 생각이 없느냐는 칭찬을 들었을 때는 하늘을 날 것만 같았다. 오죽하면 의대를 그만두고 연극영화과에 도전해 볼까 하는 생각을 했을까.

그런데 정말 재미있는 것은 연극에 미쳐 있던 그 시절 의대 과목 성적도 함께 올랐다는 점이다. 다른 친구들은 연극하느라 낮은 학점에 학사 경고를 받기 일쑤였는데 나는 오히려 장학금을 타기도 했다. 사람들은 방학이면 연극에 빠져 공부할 시간도 없는 내가 어떻게 장학금을 받는지 의아해 했다. 나 역시 말로 잘 설명할 수는 없었지만 속으로는 어렴풋하게나마 알고 있었다. 연극에 몰입했던 경험이 나에게 집중력과 자신감을 키워 주었으며, 공부에 미치는 법 또한 알게 해 주었음을 말이다.

하나에 미칠 줄 알면 다른 것에도 미칠 수 있다. 열애에 빠진 사람에게 세상이 신비롭고 아름답게 보이는 것처럼, 어느 하나에 미치게 되면 세상과도 연애를 하게 된다. 그리고 내 안에서 피어오른 열정은 나와 다른 사람들과 세상, 그 모든 것을 긍정적으로 볼 수 있게 만든다. 더 나아가 교육심리학자인 미하이 칙센트미하이 교수는 "인생에서 중요한 것은 나만의 삶의 방식을 찾아내는 일"이라고 주장하며 무언가에 빠져서 몰입하는 시간이 자신만의 삶의 방식을 찾아내는 일을 가능하게 한다고 말한다.

대학 시절 연극에 미쳤었던 경험은 지금까지 나를 지탱해 주는 힘이 되었다. 무대 위에서 다른 사람의 삶을 살아 본 경험은 환자들의 마음을 공감하는 능력을 키워 주었고, 훗날 사이코드라마를 하는 데 많은 도움이 되었다. 또한 지금 이렇게 책을 쓰는 힘의 원천이기도 하다.

황농문 교수는 《몰입》에서 몰입 자체가 주는 긍정적 효과와 행복감에 대해 설명했다. 몰입을 하면 할수록 뇌의 시냅스가 활성화되고 도파민이 분비되면서 창조성과 의욕이 증가되고 각성과 쾌감을 경험하게 된다. 그러면서 재미의 강도가 세지고 역량과 성과도 높아진다고 한다.

어떤 것에 미친다는 것은 열정을 가진다는 뜻이다. 그리고 그 열정을 행동으로 옮긴다는 뜻이다. 미칠 듯한 열애는 무모한 젊은 시절에나 가능한 것일지 모르겠지만 그것을 제외하고 무엇엔가 미쳐 보는 것은 언제든 가능하다. 그러니 한 번쯤은 일이든, 취미든 인생에 의미를 부여할 수 있는 일에 당신을 다 던져 보라. 미치도록 무엇엔가 열중했던 경험은 당신이 훗날 무엇에든 도전하고 성취할 수 있도록 도울 것이다. 또한 살아 있음의 환희를 당신에게 안겨 줄 것이다.

힘든 때일수록 유머를 잃지 않을 것이다

《골짜기의 백합》, 《고리오 영감》 등으로 유명한 프랑스의 소설가 발자크. 소르본느 대학에서 법률을 공부하던 그는 어릴 때부터 꿈꿔 온 작가가 되기로 결심하고 졸업 직전에 대학을 중퇴했다. 그리고 바스티유 광장 변두리의 조그만 다락방에 머무르며 글을 쓰기 시작했다.

그러던 어느 날 이 가난한 작가의 집에 도둑이 들었다. 도둑은 집 안의 유일한 가구인 책상 서랍을 뒤지기 시작했다. 이때 인기척에 놀라 잠에서 깨어난 발자크가 도둑을 발견하고는 갑자기 웃기 시작했다. 도둑이 깜짝 놀라 그를 쳐다보자 이렇게 말했다. "그 서랍의 법적 소유자인 내가 날마다 뒤져 봐도 아무것도 없는 서랍을 뒤지느라고 당신이 감수하는 위험을 생각하니 어찌 웃음이 나오지 않겠나?"

이처럼 유머는 위기 상황을 웃음으로 넘기고, 인간관계에서 발생하는 공격성을 완화해 주며, 일상을 부드럽고 편안하게 해 준다. 또한 우리 인생에는 우스꽝스럽거나 말도 안 되는 일들이 자주 일어나는데 유머는 인생의 그런 요소들을 이해하고 웃음을 통해 부드럽게 껴안아 주도록 만든다. 다시 말하면 유머는 인간이 가지고 있는 불합리한 부분들을 이해하는 태도다. 그렇기 때문에 유머는 우리가 어떠한 극한 상황에서도 희망을 잃지 않고 견뎌 낼 수 있는 힘을 준다.

그런데 유머는 조크나 위트와는 다르다. 조크가 단순히 긴장을 내보내는 것이라면 유머는 그 긴장된 상황을 포용하는 무언가가 있다. 물론 유머에도 여러 종류가 있지만 진정한 웃음을 주는 유머는 좀 더 따스하고 부드럽다. 유머는 보는 사람만 웃게하는 것이 아니다. 유머를 하는 사람과 그 유머를 듣는 사람과 옆에 있는 사람들에게까지 웃음을 전염시켜 모두 함께 웃게 만들어, 위치나 지위에 상관없이 모두 비슷한 사람이라는 동질성을 갖게 한다.

한편 유머는 우리가 겪는 상실과 고통을 우울한 무력감이나 증오 없이 받아들이게 한다. 그러나 유머는 인간이 가질 수밖에 없는 갈등과 한계를 인정하고 수용하는 것이기에 슬픔을 내포하고 있다. 이에 대해 수필가 피천득은 "유머는 가엾은 인간의 행동을 눈물 어린 눈으로 바라볼 때 얻어지는 것이기 때문에 유머에는 애수가 깃들이는 때도 있다"라고 말했다.

삶의 고통 속에서도 웃을 수 있다는 것은 축복임에 틀림없다. 그것은 세상 여기저기에 널려 있는 아이러니와 인간의 불완전하며 위험한 부분들을 두려움 없이 바라보게 한다. 유머는 아무리 고통스러운 상황이나 위험도 충분히 견뎌 낼 수 있다는 걸 보여줌으로써 사람들에게 희망을 주기도 한다. 어떤 혼란스러운 상황에서도 정신력을 잃지 않게 하는 것이다. 때에 맞는 적절한 유머를 구사하는 것은 그만큼 자신이 처한 상황을 확실하게 파악하고 있다는 뜻이다. 이는 다른 사람들에게 믿음과 안정감을 준다. 그래서 정신분석의 대가인 칼 구스타프 융은 "유머란 오직 인간만이 가질 수 있는 신성한 능력"이라고 말한 바 있다.

이처럼 자신과 세상에 대해 너그럽고 유머러스한 태도를 가지려면 먼저 심리적으로 안정돼 있어야 한다. 스스로를 길들일 수 있고 좌절을 견딜 수 있는 힘이 있어야 한다. 물론 다른 사람을 존중하고 배려하며 겸손해야 하는 것은 기본이다. 뿐만 아니라 모순과 상실을 잘 견딜 수 있어야 한다. 이런 자아의 힘이 있어야 자신의 충동과 좌절을 그리고 희망과 절망을 인정할 수 있고, 그러한 고통의 쓴맛을 유머를 통해 줄일 수 있게 된다.

유머러스한 사람은 자신뿐 아니라 주위를 행복하게 만든다. 그들은 적당한 재치로 위기 상황을 부드럽게 넘기며, 자신과 다른 사람의 실수를 따뜻하게 감싸 안는다. 그리고 사람들을 웃게 만들어 긴장을 풀고 서로에 대한 경계를 늦추어 더욱 친밀하게 느끼도록 한다.

웃을 수 없는 사람은 불행한 사람이다. 그런 사람은 우리에게 있는 불합리한 면들을 견디지 못한다. 대부분 자신에게 지나치게 엄격한 사람은 웃음이 없다. 웃음을 잃어버린 사람은 사고도 굳어 있을 수밖에 없다. 늘 모든 것이 엄숙함과 진지함 속에서 진행되어 긴장하게 되고 피로해져서 일의 의미와 재미마저 잃게 된다.

반대로 항상 웃고 쾌활하게만 보이는 사람도 역시 기본적으로는 불행한 사람이다. 왜냐하면 그는 자신의 슬픔을 부정하고 이에 대한 반동으로 모든 일에 웃음을 보이기 때문이다. 마치 울지 않기 위해서 웃으려는 것과 같다. 그러나 정상적인 사람들은 웃음을 통해 자신의 공격성을 조절하는 법을 배우고 그것을 두려워하지 않기 때문에 웃어야 할 때 웃을 수 있다.

"인간에게 가장 큰 재앙은 죽음이 아니라 살아가는 동안 내면에서 죽어 가는 것들이다." 슈바이처의 이 말은 우리에게 가장 큰 재앙은 죽음이나 이별이 아니라, 그러한 인생의 비극 속에서 웃을 수 있는 능력이 없는 것이라고 일러 준다. 웃음을 잃어버리면 감정적인 여유마저 잃게 된다. 건강한 어른으로 살아가려면 유머를 사용하고 즐길 줄 알아야 한다. 어른으로 살아가기 위해, 어쩔 수 없는 상실을 인정하고 흘려보내며 그 상실과 슬픔을 잘 감싸 안기 위해 우리에게는 유머가 꼭 필요한 것이다. 그러나 무엇보다 중요한 건 유머러스한 눈으로 세상을 바라보는 것이다.

그것이야말로 불합리하고 우스꽝스러운 삶을 껴안는 최선의 방법이다.

하지만 자신과 세상에 대해 유머러스한 태도를 가지기 위해서는 기본적으로 심리적인 안정과 유연함을 갖추고 있어야 한다. 또한 좌절과 모순, 상실을 견딜 수 있는 힘도 필요하다. 인생의 희로애락을 경험한 사람들이 짓는 잔잔한 웃음이 가치 있게 보이는 것은 바로 그 웃음이 모순을 겪고 난 뒤에 현실을 긍정하는 태도에서부터 배어 나오기 때문이다.

그러므로 유머 감각이 없다고 너무 고민하지 말고 우선 쉽게 흥분하지 않는 법, 상황을 파악하는 힘부터 기를 필요가 있다. 그리고 인생의 다양한 측면을 포용하도록 노력해야 한다. 그래야만 당신을 포함한 모든 사람을 웃음으로 껴안을 수 있을 테니까 말이다. 니체는 말했다. 환하게 웃는 자만이 현실을 가볍게 넘어설 수 있다고, 그러니 맞서 이기는 게 아니라 유머러스하게 넘어서는 것이 중요하다고.

어떤 순간에도 나는 나를 믿을 것이다

내 무릎에는 지금도 어릴 적 놀다가 생긴 흉터가 열 개도 넘게 남아 있다. 그 흉터들을 보고 있노라면 나도 모르게 웃음이 나온다. 비행기 낙하산 놀이를 하다 계단 모서리에 무릎을 부딪쳐 뼈가 보일 정도로 깊게 패여 생긴 흉터. 이 안에는 같이 놀던 친구들이 모두 놀라 얼굴이 하얗게 변했던 기억이 함께 묻혀 있다. 이 푸른 자국은 연필을 들고 뛰다가 넘어져 연필심이 박힌 흔적이고. 그때 아버지는 연필심을 빼 주며 나보고 조심성이 없다고 나무랐다. 무릎 가운데 지도처럼 남아 있는 큰 흉터는 넘어져서 생긴 상처에 화상 연고를 잘못 발라 생긴 것이다. 결국 상처가 곪아서 며칠 학교를 못 갈 정도로 열이 펄펄 났다. 물론 아무 약이나 발랐다고 어머니에게 크게 혼나야만 했다.

어쨌든 흉터 하나하나마다 이야기가 들어 있어 내가 살아온 과거를 증명해 주고 있다. 어릴 적에는 흉해서 자꾸 신경이 쓰이고 가리고만 싶었던 흉터들이 지금은 오히려 그런 과거를 거쳐 지금 여기에 내가 존재하고 있음을 알려 주는 삶의 기록이 된 것이다.

그런데 몸뿐 아니라 내 마음에도 여기저기 크고 작은 흉터들이 산재해 있다. 어쩌면 내가 기억하기 훨씬 전부터 흉터는 이미 있었을지도 모른다. 왜냐하면 내가 기억하는 한 내가 가질 수 있는 것은 원하는 것보다 훨씬 적었기 때문이다. 엄마와 아빠, 가족, 선생님, 친구들로부터 사랑과 인정을 받고 싶은 욕구가 그만큼 크기도 했고, 또 세상이 내 중심으로 돌아가 주었으면 좋겠는데 세상은 내게 그리 호락호락하지 않았다. 그러다 보니 여기저기 깨지면서 상처를 많이 입었고 아물던 상처가 덧난 적도 많다. 그뿐이랴. 상처 하나가 아물기도 전에 또 다른 상처를 입기도 했다.

부끄러워서 가리고만 싶었던 흉터들. 그러나 지금 나는 내 흉터 하나하나를 사랑한다. 상처를 입고 그것이 회복되어 흉터로 남고, 다시 상처를 입고 그것이 아물어 또 다른 흉터가 되는 동안 나는 더욱 성장하면서 인생을 배웠다. 결핍과 상실로 인해 상처를 입고 때론 그것들을 메우기 위해 부단히 노력하고 때론 견디는 법을 배우며 인생을 만들어 나가는 것, 그러면서 더욱 풍요로워지는 삶을 경험하는 것이 인간이지 싶다.

그러므로 흉터는 우리가 어떻게 받아들이느냐에 따라 삶의 훈장이 될 수도 있고, 숨기고 싶은 창피한 흔적이 될 수도 있다. 만일 몸과 마음에 감추고 싶은 큰 흉터가 있다면 더 이상 그 흉터 때문에 괴로워하지 마라. 그럴수록 생채기만 더 날 뿐이다. 왜 상처는 벌써 아물었는데도 그 흔적 때문에 괴로워해야 하는가.

내 딸아이는 어릴 때 심장 수술을 받았다. 지금도 아이의 가슴에는 그때의 수술 자국이 길게 나 있다. 딸아이는 그 흉터 때문에 고민이 많았는데 어느 날 나는 아이를 꼭 안아 주며 말했다.

"그 흉터는 바로 네가 큰 병을 이겨 냈다는 징표란다. 어린 나이에 그 큰 수술을 견뎌 내는 건 아무나 할 수 없는 일이었어. 그래서 나는 네 흉터가 오히려 자랑스럽다."

당신도 마찬가지다. 상처는 쓰라렸지만 상처를 이겨 내는 과정은 힘들었지만 어쨌든 당신은 그것을 이겨 냈다. 흉터가 바로 그 증거이다. 흉터야말로 당신이 그만큼 용감했고, 강인했음을 말해 주는 삶의 훈장인 것이다. 그러므로 큰 상처에도 불구하고 씩씩하게 살아남은 당신 자신을 칭찬해 주었으면 좋겠다.

사람들은 흔히 의사가 병을 낫게 해 준다고 믿는다. 그래서 환자들을 치료하다 보면 종종 감사 인사를 듣게 된다.

"선생님, 감사해요. 덕분에 많이 좋아져서 이렇게 웃기도 하네요. 선생님이 아니었다면 제가 어떻게 됐을지 생각만 해도 끔찍해요."

그럴 때마다 내 대답은 한결같다.

"실은 제가 치료한 것이 아니라 당신이 그 문제들을 이겨 낸 거예요. 전 단지 당신이 마음속 갈등을 풀 수 있게끔 도와준 거죠. 당신은 이미 스스로 치유할 힘을 가지고 있어요. 당신이 그걸 몰랐을 뿐이에요. 어쩌면 여러 가지 힘든 기억과 갈등 때문에 그 힘이 마음 한구석에 찌부러져 있었을 수도 있고요. 그래서 저는 당신이 그 힘을 되찾게끔 도와 드린 것 뿐이에요. 그러니 문제를 해결한 것은 당신 자신입니다."

인간은 누구나 스스로를 치유할 수 있는 힘을 가지고 있다. 다른 말로 '회복탄력성'이라고 하는데, 그것은 힘든 상황에 맞닥뜨렸을 때 그 스트레스를 이겨 낼 수 있도록 돕는 힘을 말한다. 상처가 난 자리에 새 살이 돋듯 마음의 상처를 스스로 치유하는 회복탄력성, 그 힘은 우리의 생각보다 훨씬 더 강력하다. 많은 사람들이 홀로코스트 같은 비극적인 사건을 겪고도 살아남아 다시 삶을 일으켜 세울 수 있었던 것도 모두 회복탄력성 덕분이었다.

미국의 심리학자인 살바토레 매디는 일리노이 벨 전화 회사가 문을 닫을 위기에 처했을 때 직원 430명을 대상으로 스트레스에 대한 연구를 했다. 그때 직원들 대부분이 심리적 공황 상태에 빠져 이혼을 하거나 심장마비, 뇌졸중으로 쓰러지는 등 많은 어려움을 겪었다. 그런데 신기하게도 직원의 3분의 1은 그전과 비교해서 크게 달라지지 않았다. 건강을 잘 유지했고 해고를 당한 뒤에도 곧바로 다른 일자리를 얻었다. 그들의 공통점은 다른 사람들보다 회복탄력성이 뛰어나다는 데 있었다.

회복탄력성이 뛰어나다고 해서 스트레스를 받지 않는 것은 아니다. 다만 회복탄력성이 뛰어난 사람들은 스트레스에 압도되지 않고 그것을 극복할 수 있다고 믿는다. 그들은 누구나 살다 보면 고난을 겪을 수 있다는 사실을 받아들이고 더 나아가 역경을 성장의 기회로 받아들인다. 또 다른 사람들을 탓하기보다 오히려 그들에게 힘들다고 말하고 위안을 얻으며 고통을 이겨 내는 법을 배우려 노력한다.

당신도 지금 좌절과 절망의 늪에 빠져 있는가. 그렇다면 기억하길 바란다. 신은 우리에게 고난과 상처를 주지만 그것을 극복해 나갈 수 있는 회복탄력성 또한 선물로 주었다는 것을. 그러므로 나는 믿는다. 지금 겪는 고통이 끝이 없어 보인다 해도 당신은 분명 자신을 추스른 다음 움직일 것이고, 하루하루를 이겨 낼 것이고, 다시금 앞으로 나아갈 거라고. 그러니 힘든 상황을 헤쳐 나가고 싶다면 가장 먼저 당신이 스스로를 믿을 수 있어야 한다. 그러면 지금껏 그래왔듯 당신 내부에 잠재돼 있던 놀라운 힘을 든든한 지원군으로 삼아 어디든지 갈 수 있을 것이다.

그리고 조용히 죽음을 맞이할 것이다

죽음은 모든 것의 끝이다. 삶이라는 긴 여행의 끝이며, 그동안 누려 온 모든 기쁨과 행복의 끝임과 동시에 그동안 나를 괴롭혔던 모든 고통과 슬픔의 끝이다. 내가 사랑하는 사람들, 나에게 상처 준 사람들 그리고 나로 인해 상처 입은 사람들과도 이별이다. 그래서 죽음은 내가 이 세상에 태어나 잠시 지녔던 모든 것들-나의 육신과, 내가 집착하던 명성과 성공, 집과 물건들 그리고 나에게 잠시 허락되었던 시간조차도-을 다시 이 세상에 돌려주고 떠남을 의미한다.

죽음은 두려움이다. 내가 이 세상에 더 이상 존재하지 않으며, 혼자서 죽음의 고통과 외로움을 견뎌 내야 하고, 사랑하는 사람들의 얼굴을 더 이상 볼 수 없는 데 대한 두려움이다. 그리고 죽음은 눈을 감은 후 나를 기다리고 있을 미지의 세계에 대한 두려움이다. 그 미지의 세계가 내가 저지른 과오들에 대한 죗값을 받기 위해 기다리고 있을지도 모르기 때문이다. 한편 죽음은 한낱 무생물체로 변한 내 육신이 부패하여 냄새나는 박테리아의 먹이가 되어 버리는 것에 대한 두려움이다. 이러한 일들 앞에 내가 아무것도 할 수 없는 무력한 존재가 되는 것에 대한 두려움이다.

죽음은 가르침이다. 그것은 남은 시간도 별로 없는데 비로소 왜, 그리고 어떻게 살아야 할지를 가르쳐 주는 잔인한 스승이다. 이 세상에 존재하는 모든 것 하나하나를 그리고 순간순간의 아름다움을 느끼고 향유할 수 있도록 우리의 감각을 일깨워 주는 스승이다. 다시 시작할 수도 없는데 나에게 진정 소중한 것이 무엇인지를 뒤늦게야 가르쳐 주는 무심한 스승이기도 하다. 그러나 죽음은 있는 그대로의 내 모습을 바라보게 하고, 자연의 일부로서의 나의 삶을 완성시켜 주는 자비로운 스승이기도 하다. 이 세상에 용서 못 할 것이 없고, 해결 못 할 것이 없음을 보여 주며, 무엇보다도 감사하는 법을 가르쳐 주는 스승이다.

죽음은 이어짐이다. 그것은 내가 차지하고 있던 공간을 다음 사람에게 넘겨 줌으로써 세상이란 이 공간을 영속시키는 자연의 확고한 의지요, 무한한 자비로움이다. 나의 시간을 끝냄으로써 세상의 시간이 계속 흐르게 만드는 대자연의 손길이다. 나의 시간이 다음 세대에게 이정표가 될 수 있도록 공간을 열어 주는 관대한 손이기도 하다.

톨스토이는 죽음을 두려워하던 작가였다. 그는 어려서부터 죽어 가는 모습을 상상하고 죽음을 응시하며 그 두려움을 극복하려고 노력했다. 그 결과 탄생한 것이 바로《이반 일리치의 죽음》이다.

평범하고 세속적인 법관 이반 일리치는 병의 통증이 악화되는 걸 느끼면서 자신의 죽음이 가까이 왔음을 깨닫기 시작했다. 그러나 그는 "내가 죽어야 한다는 건 있을 수 없다. 그건 너무 끔찍한 일이다"라고 말하면서 죽음을 받아들이지 못했다. 그래서 죽음에 대한 공포로부터 달아나기 위해 일에 몰두하는 등 여러 시도를 해 보지만 아무 소용이 없었다. 그는 부아가 치밀어 올랐다. 고통스럽고 참을 수 없이 답답해졌다.

"삶이 있었는데 지금은 떠나가고 있어. 근데 나는 그걸 붙들 수 없어. 내가 없어지면 뭐가 될까? 아무것도 안 될 거야. 정녕 죽어야 한단 말인가? 아니야. 그럴 수는 없어."

이반의 가족과 친구들은 그의 외로움과 고통을 이해하지 못했다. 오히려 그들은 이반에게 죽음이 가까이 왔다는 사실을 말하지 않았을 뿐더러 그가 죽지 않을 것처럼 가장했다.

아이러니컬하게도 이반을 가장 힘들게 한 건 바로 그 거짓이었다. 자신이 죽어 가는 게 아니라 조금 아플 뿐이며, 마음을 차분하게 가라앉히고 치료를 받으면 좋은 결과를 얻게 될 거라는 거짓말이 그를 가장 괴롭게 만든 것이다. 심지어 주위 사람들은 이반이 거짓말에 동참해 줄 것을 강요하기까지 했다. 그럴 때마다 이반은 '거짓말 그만해. 내가 죽을 것이라는 건 당신들도 잘 알잖아. 그러니 제발 거짓말만은 하지 말아 줘!'라고 크게 소리 지를 뻔했다.

사람들은 '당신은 죽을 겁니다'라고 말하는 것을 매우 힘들어 한다. 잔인한 일이라고 생각하기 때문이다. 그래서 죽음을 부인 하고 거짓말을 한다. 그러나 이 거짓말은 죽어 가는 사람을 더 비참하게 만들고 죽음을 더욱 두려운 것으로 만들어 버린다. 이 반 일리치의 표현처럼 죽음을 앞둔 사람에게 '아무도 나의 처지 를 이해하려 들지 않고 동정하지 않는다'라고 느끼게 할 뿐이다. 가장 안타까운 건 그렇게 서로가 뻔한 거짓말을 하는 가운데 죽 어 가는 사람이 자신의 삶을 정리하고 사랑하는 사람들과 작별 할 시간을 놓쳐 버리는 데 있다. 죽음을 앞두고 자신의 삶을 스 스로 완성할 수 있는 기회를 빼앗기는 것이다. 하지만 죽음 또한 삶의 일부분이다. 모든 사람은 자신의 죽음을 자기 방식대로 맞 아들이고 사랑하는 사람들의 보살핌과 사랑을 느끼며 생을 마감 할 권리가 있다.

한편 인간은 죽을 때가 되어서야 살기 위해서뿐만 아니라 죽 기 위해서도 다른 사람의 도움과 보살핌이 절실히 필요하다는 사실을 깨닫는다. 생을 마감하는 시점에서 우리는 태어났을 때 와 마찬가지로 자신을 온전히 다른 사람의 손에 맡긴다. 심할 경 우 먹고 씻고 배설하는 것까지 다른 사람의 도움 없이는 해결할 수 없는 상태가 되기도 한다. 다시 한번 갓난아기 때로 돌아가는 것이다. 다른 사람과의 관계 안에서 삶을 시작하고 다른 사람과의 관계 안에서 삶을 마감하도록 운명 지워진 게 바로 우리 인간이란 존재다. 이에 대해 톨스토이는 이반 일리치의 입을 빌어 다음과 같이 말한다.

"오랜 기간 고통에 시달린 뒤 어느 순간 이반 일리치는 고백하는 게 지독히 창피했지만 누군가 자기를 병든 어린애처럼 불쌍히 생각해 주었으면 하고 간절히 바랐다. 그는 누군가 살살 어린애를 달래듯이 자기를 어루만져 주고 입을 맞추고 자기를 위해 눈물을 흘려 주길 원했다. 그는 자신이 요직에 있고 수염이 하얗게 세는 나이이기 때문에 그런 게 불가능하다는 것을 알고 있었다. 그래도 그런 대접을 받고 싶었다."

그러므로 죽어 가는 사람의 손을 잡고 같이 울며 그를 어루만져 줄 수 있어야 한다. 그가 편안한 위안 속에서 외롭지 않게 생을 마감할 수 있도록 도와야 한다. 그것은 훗날 나에게 닥칠 죽음을 준비하는 일이기도 하다. 우리 또한 죽음 앞에서 갓난아이가 될 터이고 누군가의 부드러운 손길을 절실히 원하게 될 테니까. 어쩌면 죽어 가는 사람들은 우리에게 죽는 법을 가르쳐 주고 있는지도 모른다.

죽음은 삶의 일부다. 사람들은 살 때도 죽을 때도 인간의 존엄성을 잃지 않고 싶어 한다. 그러면 도대체 어떻게 죽음을 맞이해야 할까? 어떻게 해야 죽음에 대한 두려움을 극복하고, 죽음의 운명을 받아들이며, 죽음을 통해 우리의 삶을 성숙시키고 완성시킬 수 있을까?

22년 전 파킨슨병 진단을 받고 처음으로 죽을지도 모른다는 사실에 직면했을 때 나는 내가 좀 더 멋있을 줄 알았다. 하지만 나 또한 이반 일리치와 다르지 않았다. 내게 닥친 운명을 원망하고 분노했으며 한없이 겁에 질려 벌벌 떨었다.

"이반 일리치의 생활은 가장 단순하고 가장 평범했기 때문에 가장 두려운 것이었다."

이반 일리치에 대한 묘사는 이렇게 시작된다. 그리고 이 짧은 문장 안에 우리가 죽음을 두려워하는 이유와 두려움 없이 조용히 죽음을 맞이하는 방법이 그대로 녹아들어 있다. 지극히 세속적이었던 그는 출세와 허영심의 만족을 추구하며 살아왔다. 마치 자신의 일상에는 죽음이란 전혀 없는 것처럼. 하지만 죽음 앞에서 이제껏 자신이 추구해 온 것들이 얼마나 부질없는 것인지를 뼈저리게 느끼게 된다.

그래서 그는 자신이 잊고 살았던 즐거움과 우정, 희망 등을 기억해 내기 시작한다. 통증과 외로움에 시달리며 생명의 마지막 순간까지 사랑과 미움, 희망과 절망 사이에서 방황을 거듭하던 이반은 지나간 삶이 괜찮았다고 자신의 삶을 정당화하려는 것이 바로 자신의 죽음을 가로막고 있음을 알게 된다. 그러자 죽음에 대한 공포가 사라지고 최후의 순간 마침내 '죽음을 향해 나아가는 존재가 이런 것이구나' 하고 깨닫는다. 이런 실존적 깨달음은 그에게 빛을 보여 준다. 그는 그동안의 공포와 불안, 분노, 고통, 고독, 절망 등을 떠나보내고 가족들에게 연민의 정을 느끼며 신에게 용서를 빈다.

그리고 어느 순간 이반 일리치는 큰소리로 말했다.

"이렇게 좋을 수가!"

그리고 그는 숨이 끊어지는 마지막 순간 '이제 죽음은 끝이다. 다시는 오지 않을 것이다'라는 생각과 함께 숨을 절반쯤 마시다 숨을 멈추고 긴장을 푼 뒤 조용히 숨을 거둔다. 이처럼 죽음을 인정하면 현재를 더 세심하게 느끼며 거기서 인생의 참 행복을 찾을 수 있게 된다.

"요즘 산다는 게 이렇게 행복한 거구나 하는 걸 새삼 느껴요. 천국이 바로 지금 내가 살고 있는 이곳이라는 생각도 들고요. 내가 살아가고 있다는 사실이며, 내가 보고 듣는 것 하나하나가 다 섬세하게 느껴지며 경이로워요. 모든 것에 대한 감각이 살아나는 것 같아요. 물론 때로 숨차고 답답하지만 내가 살아 있다는 사실이, 그리고 희망을 품을 수 있다는 사실이 얼마나 행복하고 감사한지 몰라요. 지난날의 고통이 없었다면 지금도 이런 행복을 모른 채 어리석게 살고 있었을 거예요."

수년 동안 삶과 죽음의 갈림길에서 아슬아슬한 줄다리기를 하던 한 환자의 말이다. 그녀는 난치성 폐결핵으로 이미 폐 한쪽은 수술로 없어졌고, 나머지 폐마저 어떠한 항생제도 듣지 않는 결핵균에 점령당해 가쁜 숨을 몰아쉬며 검사 결과만을 초조하게 기다리면서 하루하루 살아가고 있었다. 그동안 그녀는 우울증으로 치료를 받아 왔는데 내가 할 수 있는 일이란 그녀의 얘기를 들어 주는 일뿐이었다. 그런데 한동안 모습을 보이지 않던 그녀가 몇 달 만에 병원으로 찾아와 그런 말을 한 것이다. 이제 더 이상 균이 발견되지 않으며 약도 끊었다고 했다. 그녀는 환한 미소로 오히려 나를 치료해 주고 갔다.

이처럼 죽음에 대한 두려움을 극복하는 방법은 거창한 것이 아니라 바로 순간순간의 삶 속에 있다. 지금 이 순간을 충분히 느끼고 감사하면서 살 수 있다면, 내가 세상을 떠날 때 내 손을 잡고 나를 다독여 주며 나의 공포를 나눠 가질 사람을 만들 수 있다면, 그의 손에 내가 이제껏 들고 있던 삶의 바통을 넘겨줄 수만 있다면 죽음이 그리 두렵지만은 않을 것이다. 그리고 죽음은 끝이 아니라 삶의 연속된 한 부분이라는 사실을 받아들일 수 있다면, 죽음은 오히려 내 인생을 최종적으로 완성시키는 과정이 될 것이다. 나도 그렇게 조용히 죽음을 맞이하고 싶다. 그것이 나의 마지막 바람이다.

내 인생의 버킷 리스트 10

　'버킷 리스트(bucket list)'는 죽기 전에 꼭 해 보고 싶은 일들을 적은 목록을 가리키는 말로 동명의 영화 때문에 유명해졌다. 영화 '버킷 리스트'에서 주인공인 카터는 어느 날 갑작스레 청천벽력 같은 시한부 선고를 받는다. 대학 시절 역사학 교수를 꿈꾸었지만 가정의 생계를 책임져야 했던 그는 꿈을 접고 자동차 정비공으로 일하며 평생 가족을 위해 헌신해 왔다. 반면 또 다른 주인공 에드워드는 빈털터리나 다름없는 카터와 달리 병원을 열여섯 개나 가지고 있는 억만장자인데, 역시 폐암 말기라는 선고를 받는다. 병실에서 처음 마주친 그들은 같은 방을 쓰기를 꺼려 하지만 몇 개월밖에 남지 않은 상황은 서로의 마음을 열게 만든다.

　한편 카터는 대학 신입생 시절 교수가 과제로 내 준 '버킷 리스트'를 떠올리며 죽기 전에 하고 싶은 것들을 적어 본다. 하지만 막상 시한부 선고를 받자 의미 없다고 생각해 버킷 리스트를 버렸는데 에드워드가 그것을 발견하고는 그냥 이대로 죽기는 아깝다며 자신과 함께 실행해 보자고 제안한다. 스카이다이빙 하기, 문신하기, 세렝게티에서 사냥하기, 머스탱 자동차로 레이싱하기, 인도 타지마할 방문하기, 눈물 날 때까지 크게 웃어 보기, 다른 사람에게 도움 되는 일 하기, 장엄한 광경 보기 등등 그들은 병원을 나와 3개월 동안 버킷 리스트를 하나씩 실행에 옮기면서 잃어버렸던 삶의 열정을 되찾고, 오랫동안 연락을 끊었던 가족을 찾고, 돌보지 않고 방치했던 자아를 찾으며 인생의 의미를 깨달아 간다.

시간이 얼마 남지 않았다면 나는 과연 무엇을 하게 될까? 영화를 보는 내내 그런 생각을 하고 있는데 갑자기 다음과 같은 대사가 나오는 게 아닌가.

"고대 이집트인은 죽음에 대해 멋진 믿음을 가지고 있었던 거 아나? 영혼이 하늘에 가면 말이야. 신이 두 가지 질문을 했다네. 대답에 따라서 천국에 갈지 말지가 정해졌다고 하지. 인생의 기쁨을 찾았는가, 자네 인생이 다른 사람들을 기쁘게 했는가. 대답해 보게."

나는 인생의 기쁨을 찾았을까? 내 인생이 다른 사람들을 기쁘게 했을까? 선뜻 대답을 할 수가 없었다. 그 뒤로도 가끔 그 대사를 떠올리며 버킷 리스트를 작성해 보곤 했는데 2015년 이 책을 낼 당시 작성한 리스트는 다음과 같다.

1. **그림 그리기** : 초등학교 때 나는 화가가 되고 싶었다. 내가 보는 세상을 붓을 가지고 그림으로 그려 보고 싶었다. 요즘 친한

사람들에게 문자 대신 가끔 스마트폰으로 그림을 그리고 짧은 메시지를 적어 보내는데, 본격적으로 그림을 그려 보고 싶다.

2. 우리나라 바다 한 바퀴 돌기 : 동해, 남해, 서해를 한 바퀴 쭉 돌아보고 싶다. 동행이 있으면 좋겠지만 혼자라도 괜찮다. 몸이 힘들어 한꺼번에 돌지는 못할 테니 몇 번 나눠서 가야지.

3. 다른 나라 언어 배우기 : 죽기 전에 언어를 두 가지는 더 배우고 싶다. 지금 생각하고 있는 건 중국어와 러시아어 혹은 스페인어. 다른 나라의 언어를 배운다는 것은 그 나라 사람들을 만나고 이해함으로써 내 세계를 확장시킬 수 있는 가장 빠른 방법이라고 믿기 때문이다.

4. 맛있는 요리를 만들어서 대접하기 : 먹으면 저절로 웃음이 나는, 그래서 잊을 수 없는 진짜 맛있는 요리를 만들어 좋아하는 사람들에게 대접하고 싶다.

5. 나에게 상처 준 사람들에게 욕 실컷 하기 : 너무 고상한 척, 아무렇지 않은 척 살았다. 욕쟁이 할머니처럼 나에게 상처 준 사람들을 향해 시원하게 욕 한번 퍼붓고 싶다.

6. 세상의 모든 책 읽어 보기 : 오래 집중하기가 힘들고 눈이 점점 침침해지는 탓에 책 읽기가 쉽지 않아서인지 자꾸 조바심을 내게 된다. 더 시간이 가기 전에 더 많은 책을 읽고 싶다.

7. 책 한 권 쓰기 : 그동안 다섯 권의 책을 냈지만 부끄럽기 그지없다. 부끄럽지 않은, 사람들에게 정말 도움이 되고 그들의 마음을 따뜻하게 만들어 줄 책 한 권을 쓰고 싶다.

8. **남편과 무인도에 들어가 일주일 지내기** : 그냥 그러고 싶다.

9. **가족들과 행복한 크리스마스 보내기** : 사위와 며느리도 함께 말이다.

10. **조용히 온 데로 다시 가기** : 죽을 때 요란 떨고 싶지 않다. 조용히 삶을 마무리하고 잘 떠나고 싶다.

그런데 책을 내고 난 뒤 의외로 버킷 리스트에 대해 언급하는 사람들이 많았다. 그들은 내게 그중 몇 가지를 실천했느냐고 묻기도 했다. 꼭 해야지 하는 마음에 작성하긴 했지만 아직까지 몇 가지는 실천하지 못했다. 그럼에도 혹시나 궁금해할 사람들을 위해 구체적으로 정리를 해 보자면 다음과 같다.

1. **그림 그리기** : 스마트폰으로 그림을 그린 것들을 모아 책을 냈다.

2. **우리나라 바다 한 바퀴 돌기** : 친구들과 동해, 남해, 서해를 부지런히 다녔다. 앞으로도 더 돌아볼 생각이다.

3. **다른 나라 언어 배우기** : 병이 깊어지면서 시력과 집중력이 너무 떨어져 아직 못 했다.

4. **맛있는 요리를 만들어서 대접하기** : 서 있는 것이 힘들어 요리를 만들기가 어렵다. 특히 닭강정을 맛있게 만들어 대접하고 싶었는데 아쉽다.

5. **나에게 상처 준 사람들에게 욕 실컷 하기** : 너무 고상한 척,

아무렇지 않은 척 사는 것은 그만두었는데 욕은 실컷 못 했다. 남편 욕은 좀 했다.

6. 세상의 모든 책 읽어 보기 : 이 또한 병이 깊어지면서 아직 못 했다.

7. 책 한 권 쓰기 : 이 책을 포함해서 다섯 권의 책을 더 썼다. 열 번째 책을 마지막으로 책 쓰기는 끝이 났다. 그런데 사람들에게 도움이 되는 책을 썼는지는 모르겠다.

8. 남편과 무인도에 들어가 일주일 지내기 : 그냥 그러고 싶은데 아직 못 했다.

9. 가족들과 행복한 크리스마스 보내기 : 사위와 두 손자까지 모여 크리스마스를 보냈다. 이만하면 잘 산 것 같다.

10. 조용히 온 데로 다시 가기 : 여전히 나는 그럴 수 있기를 소망한다.

마지막으로 22년차 파킨슨병 환자로서 버킷 리스트에 대해 말하자면 나는 더 이상 버킷 리스트에 연연하지 않기로 했다. 몸이 허락하는 대로, 그리고 내 삶이 허락하는 대로 흘러가듯 살아가고 싶다. 일단 오늘은 예쁜 옷을 입고 외출을 할 생각이다. 한 발짝 한 발짝 움직이다 보면 나는 또 다시 새로운 세계를 경험하게 될 것이다. 그러다 반가운 사람을 만난다면 무척 행복할 것 같다.

만일 내가 인생을 다시 산다면

초판 1쇄 발행 2022년 11월 7일
35만 부 기념 스페셜 에디션 5쇄 발행 2024년 9월 9일

지은이 | 김혜남
발행인 | 강수진
편집 | 조예은
마케팅 | 이진희
홍보 | 이여경
디자인 | design co•kkiri

표지 일러스트 | 최인호

주소 | (04075) 서울시 마포구 독막로 92 공감빌딩 6층
전화 | 마케팅 02-332-4804 편집 02-332-4809
팩스 | 02-332-4807
이메일 | mavenbook@naver.com
홈페이지 | www.mavenbook.co.kr
발행처 | 메이븐
출판등록 | 2017년 2월 1일 제2017-000064

ⓒ김혜남, 2022(저작권자와 맺은 특약에 따라 검인을 생략합니다)
ISBN 979-11-90538-51-0 (03180)